# ÉQUITATION

CAPITAINE DE SAINT-PHALLE

# ÉQUITATION

## TOME II

## *ÉQUITATION SAVANTE*

LEGOUPY, 5, Boulevard de la Madeleine, Paris.

CHAPELOT, 30 Rue Dauphine, Paris. | LESOUDIER, 174, Bᵈ St-Germain, Paris.

Librairie Milon, ROBERT, Successeur, Saumur.

1907

# TABLE DES MATIÈRES DU TOME II

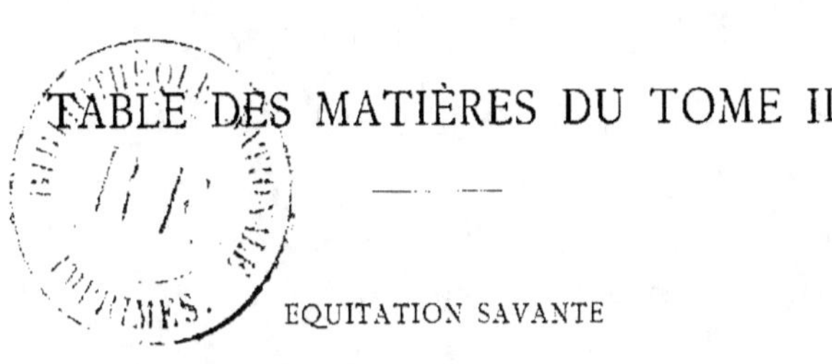

## EQUITATION SAVANTE

# TITRE II

## APPLICATIONS

### CHAPITRE Ier



### CHAPITRE II



### CHAPITRE III



### CHAPITRE IV

#### QUELQUES AIRS D'ECOLE



### CHAPITRE V

# ÉQUITATION SAVANTE

## CONSIDÉRATIONS GÉNÉRALES

L'équitation savante comprend l'étude et l'application de procédés destinés à donner au cheval de selle la légèreté complète.

Ce n'est donc que par la perfection à laquelle elle tend que cette équitation diffère de l'équitation ordinaire. Son but est le même : il est de faire obéir le cheval ; mais tandis que l'équitation courante n'obtient la soumission que par l'emploi relativement fort des aides, le cheval obéissant avec des mouvements plus ou moins heurtés et irréguliers parce qu'il n'est ni assez souple ni assez justement équilibré pour les exécuter sans effort ni fatigue, l'équitation savante établit exactement les équilibres nécessaires, grâce auxquels les mouvements se font facilement, avec souplesse, élégance et brillant. Le cavalier acquiert la possibilité d'être obéi instantanément en ne faisant qu'indiquer sa volonté par les effets les plus légers, sans qu'aucune de ses aides ait à user de contrainte ni de force. En raison d'abord de cette absence complète de résistance de la part du cheval à la volonté du cavalier, et grâce ensuite à l'empire absolu que cette soumission donne au cavalier sur l'équilibre, les évolutions de l'ensemble se font avec aisance et justesse, chaque mouvement est d'accord avec le résultat qu'il doit produire.

Voilà ce que donne l'équitation savante, rien de plus ; elle s'applique donc à l'usage du cheval dehors ou au manège, sur l'obstacle ou sur la route, au travail d'armes ou en reprise, ou à la chasse, etc., elle n'est que la perfection utile en toutes circonstances et dans la mesure où la perfection est possible.

Il ne faut pas confondre équitation savante et Haute-Ecole : celle-ci est un ensemble de mouvements, d'airs spéciaux et brillants, qui exigent une éducation appropriée. Or le cheval peut être parfaitement fini comme dressage, complètement équilibré, c'est-à-dire en un mot, absolument apte à être savamment monté et à se comporter de même, sans cependant avoir été dressé aux airs d'Ecole. L'équitation savante se comprend donc en dehors de la Haute-Ecole. On peut même ajouter, malheureusement, que celle-ci est souvent comprise en dehors de l'équitation savante. C'est ainsi que l'on voit des chevaux dits d'Ecole dressés comme des chiens savants, routinés de manière à exécuter avec plus ou moins d'exactitude les airs ou quelques-uns des airs dont l'ensemble constitue la Haute-Ecole : trop souvent ils n'ont même pas la première et la dernière des qualités que le dressage doit donner et développer : la soumission complète. Ils obéissent c'est vrai, mais contraints et forcés par des aides sévères, c'est-à-dire sans obéissance vraie. Beaucoup sont mous, traînants, se meuvent sans action dans un équilibre douteux ; d'autres, sous prétexte de brillant, se montrent violents, désordonnés, secoués qu'ils sont d'un côté par des éperons sans miséricorde, maintenus de l'autre par des embouchures sévères : ils ne sont légers, c'est-à-dire obéissants, ni aux jambes ni aux mains qui, les unes et les autres, ont alors non seulement à les commander, mais aussi à les contraindre. Ce n'est pas là de l'équitation savante, tant s'en faut.

Mais si la Haute-Ecole est quelquefois pratiquée en dehors de l'équitation savante, est-ce à dire qu'il y a incompatibilité entre elles ? Assurément non : les airs d'Ecole ainsi exécutés ne sont que des contrefaçons ; pour que la Haute-Ecole ait sa raison d'être, il faut que les airs en soient enseignés et demandés par les procédés que nous enseigne l'équitation savante ; alors on ne risque pas de voir des chevaux exécuter des mouvements plus ou moins extraordinaires sans être même capables de tourner correctement. La Haute-Ecole ne se confond donc pas avec l'équitation savante, mais elle en est une application brillante.

A côté de l'utilisation pratique de l'équitation savante pour l'emploi habituel du cheval ou pour l'exécution des airs d'Ecole, l'étude de cette équitation a encore, au point de vue de la théorie, une importance capitale en permettant d'établir les grands principes d'où se déduisent les procédés. Il en est ici comme de toute science : au sommet se trouve l'étude des hautes difficultés dont la solution peut quelquefois n'avoir pas par elle-même d'application directe, mais fait face par ses conclusions aux nécessités de la pratique. C'est ainsi qu'en mathématiques supérieures, pour ne prendre qu'un exemple, nombreux sont les théorèmes qui ne peuvent s'appliquer immédiatement à la construction d'une machine ; c'est cependant grâce à eux qu'on peut établir les calculs nécessaires. De même l'équitation savante permet d'établir des principes dont on chercherait quelquefois en vain l'application directe, mais qui permettent par voie de déduction le choix des procédés nécessaires à l'utilisation du cheval.

# TITRE I<sup>er</sup>

## LES AIDES

---

# CHAPITRE I<sup>er</sup>

### LES AIDES EN GÉNÉRAL

#### § I. — DIFFÉRENTES AIDES

Les aides sont les intermédiaires dont se sert le cavalier pour communiquer sa volonté au cheval. Celles dont l'usage est le plus indiqué sont les jambes, les mains et l'assiette, on peut même dire que ce sont les seules à employer : susceptibles d'être délicates avec les mille nuances nécessaires à l'emploi du cheval, elles portent en elles-mêmes leur puissance ; elles ont eu à l'affirmer assez souvent dans les débuts du dressage pour que le cheval ne la méconnaisse pas et puisse être maintenu par le sentiment qu'il en a dans la plus étroite dépendance. Ces aides ont donc, en un mot, toutes les qualités requises pour assurer l'entière domination du cavalier sur l'animal par les effets les plus légers. Et cependant,

il arrive souvent qu'elles n'obtiennent pas complètement
ce résultat. La cause peut en être dans l'insuffisance du
cavalier, je n'insiste pas sur ce point, ou dans les procédés qui ont été employés dans le premier dressage et
dans la suite pour établir l'autorité des aides. Il est bien
évident, en effet, que toutes les fois que le cavalier im-
pose sa volonté autrement que par ses aides, il ne fait
rien pour les rendre efficaces ; je dirai plus : il les dis-
crédite. Le cheval ne met pas longtemps à s'apercevoir
que son maître ne compte pas sur elles pour le dominer
et il reste ignorant de leur puissance parce que le cavalier ne la lui rend pas évidente. Le dressage se poursuit
dans ces conditions sans que les aides naturelles im-
posent par elles-mêmes leur autorité et par conséquent,
sans qu'elles puissent jamais dominer par la délicatesse
et la légèreté. C'est quelque chose d'analogue à ce qui
se passe entre un supérieur faible et ses subordonnés :
son autorité méconnue n'obtient qu'un médiocre rendement et lorsque, les choses allant de mal en pis, il est
enfin obligé de réagir, il y a désaccord entre sa sévérité
de commande et sa pusillanimité ordinaire : il donne un
à-coup qui ne fait qu'augmenter le désordre. Si, au contraire, il sait se montrer ferme dès le début et se faire
respecter, personne n'est tenté d'encourir sa disgrâce,
sachant que les effets ne s'en feraient pas attendre.
Ainsi en est-il des aides naturelles : si le cavalier n'assure
pas leur autorité d'une manière imprescriptible en obtenant d'elles seules les effets qu'elles doivent produire, il
n'en faut pas plus pour que le cheval ne les respecte pas
et attende pour leur obéir qu'elles agissent sévèrement.

Inutile de dire que dans ces conditions la légèreté devient impossible ; mais il faut se bien persuader que c'est là qu'on en arrive fatalement, toutes les fois qu'on ne dresse pas le cheval aux aides par les aides.

On dira peut-être qu'il y a certainement des chevaux trop puissants, trop violents, présentant dans quelque partie des résistances trop fortes pour qu'on puisse les vaincre par les moyens ordinaires, et qu'il peut y avoir lieu de recourir au caveçon, à la martingale, au filet de naseaux, etc. A cela je répondrai premièrement que si ces chevaux avaient été dressés, dès le début, suivant les principes d'une saine équitation et avec des aides suffisamment savantes, celles-ci auraient pris à ce moment l'autorité nécessaire. Deuxièmement, toute règle a ses exceptions, celle-ci comme les autres ; mais on reconnaîtra qu'elles sont fort rares si, du nombre des chevaux qui présentent des résistances très violentes, on déduit ceux qui le font pour des raisons pathologiques relevant plus du vétérinaire que de l'écuyer. Troisièmement, les résistances que les aides ne peuvent pas vaincre, bien que le cheval soit bien conformé et ne souffre pas, viennent de ce qu'il se sent de taille à désobéir et à lutter. Or à ce moment, il ne s'agit pas de l'amener à sentir les finesses des aides, mais à reconnaître que par un moyen ou par un autre le cavalier peut le dominer. Pour en venir là, il peut être utile de recourir à des moyens à côté ; mais pour que les aides prennent l'ascendant dont elles sont susceptibles, il est nécessaire qu'elles redeviennent les seules éducatrices, dès que la soumission momentanée, acquise par le moyen spécial auquel on a eu recours, met l'animal en état d'écouter son cavalier : il en est alors au même point que l'immense majorité des chevaux neufs qui sont parfaitement ignorants, mais sans révolte. A ce moment, il est inutile et mauvais de continuer l'emploi du procédé dont on s'est servi en dehors des aides naturelles : inutile, parce que la soumission qu'on a momentanément obtenue permet aux aides de produire leurs effets et d'assurer seules l'obéissance à l'avenir ; mauvais, parce qu'il est bien évident que si le cavalier continue à avoir recours à des procédés étrangers aux aides lorsqu'elles devraient faire preuve d'autorité, elles n'en acquièrent pas. Dans ces conditions, il ne saurait être question non seulement d'équitation savante, mais même de dressage juste.

Les aides autres que les jambes, les mains et l'assiette doivent donc être d'un emploi extrêmement restreint, parce que, s'il faut admettre qu'on y peut quelquefois recourir, ce n'est que d'une manière absolument exceptionnelle et passagère.

Aussi, au seuil de l'équitation savante, doit-on dire adieu à ces pratiques et à ces accessoires qui ont nom travail à pied, piliers, poulies et longes plus ou moins compliquées, martingales, mors et éperons sévères, etc., etc. S'ils sont inutiles et nuisibles dans le dressage ordinaire, ils sont un contre-sens en équitation savante dont la caractéristique est de pouvoir obtenir les effets les plus difficiles par les moyens les plus doux, et dorénavant, lorsque j'emploirai ces mots « les aides » ce ne sera que pour désigner les jambes et les mains et, éventuellemment, l'assiette.

## § II. — MODE D'ACTION DES AIDES

Pour comprendre comment on doit faire agir les aides pour produire un effet voulu, il faut savoir comment elles impressionnent le cheval depuis le moment où le cavalier les met en jeu jusqu'à celui où il est obéi. Or les phénomènes qui se succèdent peuvent se ramener à quatre : premièrement, mise en jeu de la sensibilité ; deuxièmement, intervention des facultés intellectuelles, c'est-à-dire, comparaison des sensations, usage de la mémoire et détermination de la volonté ; troisièmement, actionnement des organes moteurs ; quatrièmement, enfin, lorsque l'habitude et le dressage sont suffisants, l'obéissance devient réflexe.

### *1  Mise en jeu de la sensibilité.*

Il est clair que plus les agents de la sensibilité réagissent fortement et rapidement sous l'influence des phénomènes extérieurs et en particulier des contacts, mieux l'obéissance aux aides peut se manifester sans retard. Il est donc important que la sensibilité soit aussi grande que possible : une pratique ou un dressage défectueux peuvent en atrophier les effets ; l'emploi savant des aides l'augmente.

Les errements qui peuvent ralentir ou diminuer les réactions de la sensibilité sont malheureusement nombreux ; ils ont le mauvais effet commun de donner au cheval l'indifférence aux aides.

Dans ce sens, les plus grandes fautes que puisse commettre le cavalier sont 1° de ne pas donner à ses aides l'intensité réciproque qui convient ou, 2° d'en continuer encore l'action après qu'elles ont été obéies.

1° Si, par exemple, les jambes agissent trop, le cheval répond par un développement d'action hors de proportion avec le résultat à obtenir : les mains doivent alors intervenir pour ramener l'impulsion au degré voulu ; autrement dit il y a désaccord : l'ordre donné par les jambes a été suivi d'un contre-ordre donné par les mains. Si ce défaut d'harmonie se produit souvent, il amène vite le cheval à répondre plus lentement et moins complètement aux jambes parce qu'il prend l'habitude de s'attendre à être ralenti après avoir été actionné. Ainsi se perd peu à peu la sensibilité naturelle aux jambes ; pendant ce temps, les résistances à la main augmentent parce que l'effet exagéré des jambes engage le cheval à échapper aux rênes qui ont alors à agir plus fortement pour obtenir un résultat moindre. Le cheval finit pour elles comme pour les jambes par n'obéir que dans les proportions médiocres qui lui sont permises ; autrement dit, il perd sa sensibilité aux unes et aux autres.

Ce résultat peut-être dû non seulement au manque de pondération dans l'intensité des aides, mais aussi à leur manque d'à-propos. Prenons pour exemple le déplacement des hanches : si la jambe intérieure agit sans que ce soit utile, le déplacement est insuffisant, la jambe exté rieure est par conséquent obligée d'intervenir plus fort. L'action des aides a été hors de proportion avec l'effet final; on les a fait se contredire l'une l'autre; cela ne peut se reproduire souvent sans qu'elles perdent de leur autorité.

2° Enfin, on a souvent le tort de continuer une action des aides lorsque l'effet demandé est déjà obtenu. Par là, on donne au cheval l'habitude de ne plus considérer les aides comme l'expression bien déterminée d'un ordre auquel il doit se soumettre. Aussi, en dehors de tout acte de volonté, simplement par habitude physique, en vient-il à ne plus leur prêter la même attention que lorsqu'il sait devoir leur obéir exactement dans la proportion où elles le lui demandent.

Mais ce n'est pas tout que de ne pas donner au cheval de mauvaises habitudes, il faut arriver à un résultat plus positif et lui en donner de bonnes, grâce auxquelles la perception des sensations provoquées par les aides détermine instantanément les phénomènes tant physiques que psychiques qui doivent amener l'exécution de l'ordre perçu.

Pour y arriver, il faut d'abord laisser aux aides toute leur autorité en leur donnant seulement le rôle que leur assignent leurs effets physiologiques et mécaniques, à l'exclusion de toute signification conventionnelle ; il faut ensuite chercher à augmenter de plus en plus l'acuité de l'action des aides, de manière à ce qu'elles en viennent à obtenir les mêmes effets, tout en agissant de moins en moins fort.

Je parlerai plus loin des aides conventionnelles et de leurs inconvénients ; voyons seulement, pour le moment, comment on peut augmenter la sensibilité aux aides. Supposons qu'elles aient dû agir avec une certaine force, pour mettre le cheval dans un équilibre et dans un mouvement donnés. Pour obtenir le même résultat, en devenant plus légères, il faut que, dès que leur effet est produit, elles se fassent sensiblement plus clémentes et restent telles tant que l'impulsion ne change pas et que l'équilibre reste stable ; elles ne redeviennent plus pressantes que si l'impulsion ou l'équilibre varient. On en arrive ainsi à ce que, les aides ayant ordonné un mouvement, leur concours devient presqu'inutile à sa continuation. L'intensité nécessaire à leur intervention décroit ainsi constamment : les jambes n'ont plus à agir lorsque l'impulsion a été donnée, parce qu'elle subsiste seule ; les mains peuvent maintenir et diriger cette impulsion par des actions très faibles.

Il faut du tact pour mener ce travail à bien : le cavalier doit sentir le moindre changement qui se produit dans l'impulsion et l'équilibre à la suite du relachement des aides, afin que celles-ci n'aient qu'à agir imperceptiblement pour remettre les choses en ordre, sinon il se produit des à-coups successifs qui excluent toute stabilité et rendent, par suite, insuffisante la délicatesse d'action dont on cherche à se contenter.

Il faut en outre que l'écuyer se rende un compte exact des progrès de son cheval et sente dans quelles proportions ils permettent aux aides de se faire plus légères, Sans cela, il leur donne plus de force qu'il n'est utile et

FLEXION

# PLANCHE I

IRAN. — Ch. h. — P. S. A$^e$. — *Par* Gigès *et* Bareine. — (Passage).

Le cheval fait une concession de nuque et de mâchoire qui amène un léger relâchement des rênes : il y a abandon du contact du mors et de la bouche. Il est indispensable que le résultat soit très bref, que le contact léger de la main soit repris aussitôt que perdu et que la tête revienne immédiatement en avant de la verticale ; sinon, le cheval se renfermerait de lui-même et sans que le mors, qui n'agit plus, l'y contraigne ; il pécherait contre l'impulsion.

ramène son cheval indéfiniment au même point : les progrès s'arrêtent. C'en en raison de fautes semblables qu'on voit des cavaliers ne jamais pouvoir dépasser un certain degré de dressage : il leur manque le tact nécessaire pour sentir exactement où leur cheval en est et ils le traitent avec une délicatesse moindre que celle qui suffirait : dans ces conditions, il n'y a plus de progrès possibles, le cheval ne pouvant, bien entendu, s'affiner qu'autant que les aides s'affinent elles-mêmes.

Enfin, quelle que soit la légèreté à la main qu'on cherche à obtenir, il faut se garder de laisser les rênes abandonner le cheval ; la perte du contact peut se produire, il est vrai, au moment où la main demande une concession [1], mais elle n'est licite qu'à la condition d'être instantanée, car si elle durait, le cheval, dans l'impulsion, glisserait dans l'accélération, puisqu'on supprimerait la barrière qui doit seule pouvoir l'en empêcher. D'ailleurs, la constance du contact entre la main et la bouche ne porte en rien préjudice à la légèreté dont elle suppose, au contraire, le facteur le plus nécessaire : l'impulsion. Mais le contact peut être si ténu, si liant, la bouche peut le conserver avec une telle absence de résistances, qu'il ne suppose aucun effort ; il indique seulement au cheval qu'il ne doit pas laisser son centre de gravité et l'impulsion s'écouler en avant.

### 2° *Intervention des facultés intellectuelles.*

La faculté de comparer les sensations est très développée chez le cheval. C'est grâce à elle qu'il reconnaît

1. Voir planche I.

l'action des aides, rapproche les contacts qu'il perçoit de ceux qu'il a déjà perçus et répond de la même façon aux mêmes demandes. C'est enfin par la comparaison des sensations, aidée de la mémoire, qu'il saisit la relation existant entre les demandes du cavalier, les réponses qu'il leur a faites et les récompenses ou les punitions qui s'en sont suivies. Comparant ainsi et se souvenant, il fait intervenir sa volonté et se détermine.

D'après cela, voici comment ces facultés concourent à l'obtention de l'obéissance : lorsque nous adressons une demande pour la première fois, le cheval n'y répond pas exactement et commence par tâtonner. Peu à peu agit l'influence mécanique de l'équilibre dans lequel les aides ont mis la masse en vue de faciliter le mouvement demandé : le cheval se déplaçant plus ou moins longtemps dans cet équilibre, finit par céder à son influence et par se mouvoir en conformité avec lui [1]; le mouvement cherché s'esquisse alors mécaniquement, grâce à l'équilibre établi. Le cheval a obéi par le fait d'une action mécanique due à la disposition appropriée de la masse et de l'impulsion. Après cette première ébauche du mouvement, on a récompensé ; la faculté de se souvenir et de comparer dont l'animal est doué commence à agir. Grâce à elle, une nouvelle action des mêmes aides éveille simultanément en lui le souvenir du mouvement par lequel il leur a répondu et de la récompense qui en est résultée. L'appât de cette récompense lui fait alors répéter le

---

1. C'est ce qui a permis de dire qu'en dressage le tout est de savoir placer et attendre.

mouvement par voie d'association. Plus tard, enfin, intervient l'habitude grâce à laquelle se font simultanément et instantanément les associations qui relient ces trois faits concrets : action des aides, mouvement correspondant, récompense ou châtiment. En raison de ces associations, la volonté se détermine.

### 3° *Mise en jeu des organes moteurs.*

Dès que les facultés intellectuelles ont rempli leur rôle, leur travail fait place, par une transition mystérieuse, à celui des organes moteurs dont le premier effet est de mettre la masse dans l'équilibre commandé par les aides ; celui-ci entraîne alors l'exécution du mouvement désiré. Cette obtention de l'équilibre et l'exécution du mouvement correspondant suivent l'ordre venu des aides avec une rapidité d'autant plus grande que le dressage avance davantage, absolument comme on parle une langue d'autant plus vite qu'elle devient plus familière. Il arrive enfin un moment où, comme nous le verrons tout à l'heure, l'intervention morale est virtuellement supprimée, le cheval n'agissant plus que par réflexes.

Tant que le dressage n'en est pas à ce dernier degré, les facultés morales dont nous nous sommes occupés plus haut jouent leur rôle d'une manière bien déterminée, d'abord lentement : c'est la période de tâtonnement; ensuite plus vite : c'est la période d'accoutumance. Mais, tant qu'elles agissent, l'obéissance n'est pas instantanée. Il leur faut, en effet, percevoir d'abord la sensation, la reconnaître et la comparer ; ensuite vouloir et enfin passer de la volition à l'action. Comme nous allons le voir, une obéissance plus rapide est possible et nécessaire.

### 4° *Obéissance réflexe.*

Il serait hors de mon sujet d'étudier ici en détail l'origine et le rôle des réflexes. Il nous suffit, pour nous rendre compte de ce qu'ils sont et de leur mode d'action, de constater comment ils interviennent chez l'homme. Si par exemple, nous heurtons du pied un obstacle imprévu, les réflexes nous font, instantanément et sans aucune ingérance des facultés intellectuelles, exécuter les contractions musculaires destinées à éviter la chute : aussitôt que l'obstacle est rencontré, les réflexes agissent.

Leur rôle est le même chez le cheval : grâce à eux, un mouvement peut suivre instantanément le phénomène extérieur qui le détermine sans que celui-ci ait à être examiné et apprécié et sans que la volonté ait à intervenir d'une manière immédiate. Cela doit être utilisé par l'écuyer à son profit en obtenant la possibilité de provoquer par le contact de ses aides la mise en jeu des réflexes. Elles obtiennent ainsi directement l'exécution du mouvement qu'elles commandent. Il est nécessaire qu'il en soit ainsi dans l'équitation savante pour que leurs effets puissent se succéder et se nuancer avec une rapidité souvent indispensable. Cette rapidité serait aussi impossible à obtenir si les aides n'éveillaient pas directement les réflexes qu'il serait impossible à un pianiste de jouer sur un instrument dont les touches ne feraient pas vibrer instantanément les sons.

Une obéissance aussi parfaite s'acquiert en assurant l'absolue souplesse morale et physique et en exaltant l'impulsion qui tend toutes les énergies pour leur permettre de se dépenser sans le moindre retard suivant les indications des aides. Cet ensemble constitue la légèreté qui se trouve être ainsi le couronnement du dressage, puisque c'est elle qui assure la domination entière et sans marchandages de l'écuyer sur le cheval.

§ III. — AIDES CONVENTIONNELLES

La légèreté ne peut être complète que si l'autorité des aides l'est aussi. Or cette autorité ne peut être et rester entière que si elle partage la puissance des lois mécaniques et physiologiques d'après lesquelles l'animal se meut nécessairement. En faisant intervenir ces lois, les aides se montrent au cheval, dès le premier jour de son dressage, comme douées d'une force contre laquelle il se reconnaît peu à peu incapable de lutter ; il en vient alors à leur obéir sans même supposer qu'il peut faire autrement parce que, toutes les fois qu'il a voulu se soustraire à leurs exigences, il s'est vu obligé de les subir coûte que coûte.

Il en est autrement si les aides n'agissent que par des indications conventionnelles : elles ne peuvent en rien forcer l'animal à l'obéissance parce qu'elles n'ont de valeur qu'autant qu'il acquiesce à une convention, à un accord passé entre lui et le cavalier ; que sa bonne volonté fasse défaut, la base sur laquelle s'étayait uniquement l'autorité des aides s'effondre d'un coup et elles sont incapables d'empêcher les effets du mauvais vouloir. Le cheval s'en aperçoit et en vient rapidement à ne plus même compter avec elles ; s'il est d'un caractère volontaire, sa soumission diminue chaque jour davantage ou, s'il est d'un caractère facile, il en vient vite à ne répondre que sans empressement à des ordres si faiblement donnés.

La différence de puissance des aides, suivant que leur usage est réglé d'après leurs effets physiologiques ou suivant qu'elles ont seulement une signification conventionnelle, peut se démontrer avec évidence.

L'action latérale des jambes, entre autres, nous servira d'exemple. On déplace les hanches vers la droite par l'action isolée ou prépondérante de la jambe gauche. L'action de cette aide est d'une efficacité certaine qu'on a démontrée au cheval pendant le dressage s'il a voulu lui échapper, parce que la demande de plus en plus sévère de la jambe et surtout celle de plus en plus douloureuse de l'éperon, si elle est devenue nécessaire, forcent le cheval à les fuir en portant ses hanches du côté opposé à celui d'où vient la douleur. Si des résistances reparaissent, des actions identiques des mêmes aides y mettent fin en éveillant le souvenir de la contrainte inévitablement efficace qui les a déjà suivies. La jambe trouve ainsi, dans la douleur qu'elle peut provoquer, le moyen matériel d'imposer son action latérale.

Au lieu de lui faire produire cet effet de cette manière
simple et naturelle, on le lui demande quelquefois d'une
façon qu'aucune disposition physiologique n'explique et
dont la valeur est toute de convention : elle consiste à faire
agir la jambe à la sangle, action qui aurait pour effet de
faire incurver le cheval du côté de cette jambe, en sorte
qu'en agissant ainsi la jambe droite, par exemple, ferait
venir les hanches à droite. Quoiqu'on ne prétende pas
obtenir ainsi un déplacement très prononcé des hanches,
il semble que, même avec cette restriction, cette manière
de faire est encore contraire au maintien et surtout à
l'augmentation de l'autorité des jambes agissant latéralement. En effet, rien au monde ne peut obliger le cheval à se porter sur les coups. Il le fait quelquefois par
rage ou par affolement, c'est-à-dire précisément lorsqu'il
n'obéit pas. Aussi, lorsqu'on est arrivé par des moyens
quelconques à enseigner à l'animal à s'incurver ainsi sur
la jambe, l'action plus forte de la jambe ou de l'éperon
ne peut pas l'inciter à obéir s'il n'en a pas envie et même,
plus l'aide se fait violente pour imposer son effet, plus
le cheval fuit la douleur en jetant ses hanches du côté
opposé à celui où on veut les faire aller, c'est-à-dire
qu'il désobéit de plus en plus. En outre, la jambe déplaçant les hanches soit de son côté, soit du côté opposé
suivant le point où elle agit, provoque de l'indécision ;
ou bien il faut qu'elle agisse à des endroits nettement
différents et éloignés les uns des autres, ce qui exclue
dans son emploi cette discrétion, c'est-à-dire cette invi-
sibilité d'action, qui est incontestablement pour la jambe

comme pour la main, un des plus beaux apanages de l'équitation savante.

Ceci n'est qu'un exemple de la différence d'autorité que peuvent acquérir respectivement les aides conventionnelles et les aides normales. On pourrait en citer d'autres qui tous viendraient à l'appui de la même thèse.

On doit donc condamner l'usage des aides conventionnelles parce que le jour où le cheval s'aperçoit qu'il peut leur échapper, le cavalier est dans l'impossibilité de s'y opposer et la soumission se trouve amoindrie de ce fait. Gardons jalousement à nos aides le rôle qui leur est départi par les lois physiologiques ou mécaniques qui régissent le cheval. Ainsi employées les aides sont amplement suffisantes pour obtenir tous les effets nécessaires : ainsi seulement elles conviennent à l'équitation savante parce qu'ainsi seulement elles sont capables de commander une obéissance immédiate et d'être par conséquent assez respectées pour que leurs moindres indications soient écoutées.

# CHAPITRE II

## LES JAMBES

§ I. — L'IMPULSION ET L'ACTION

*1° Définition de l'impulsion.*

L'impulsion est la tendance constante au mouvement en avant.

Elle est la première des qualités à exiger du cheval parce qu'il est construit pour se mouvoir en avançant et parce que s'il ne reste pas immuablement en concordance avec sa conformation, il est hors de ses facultés, en contradiction avec ses aptitudes physiques et, par suite, aussi incapable de rendre les services qu'il nous doit que le serait une machine appliquée à un travail autre que celui en vue duquel elle a été construite.

L'impulsion doit, du reste, subsister quel que soit le mouvement, fût-il rétrogade. En effet, c'est grâce à elle que nous pouvons maintenir l'équilibre auquel est dû un mouvement quelconque, car c'est elle qui amène le cheval sous le commandement des rênes et leur permet de disposer la masse par le placer dans la position favorable. Elle est donc nécessaire à l'obtention de tout mouvement comme la pression de la vapeur est nécessaire à la machine quel que soit le sens de son travail.

Il ne faut pas confondre l'impulsion ni l'action avec la volubilité, l'agitation, le désordre. L'impulsion doit aller de pair avec le calme sans lequel il n'y a ni légèreté, ni obéissance complètes. Il est donc d'une mauvaise équitation de bousculer et d'agiter un cheval à coups d'éperons sous prétexte d'obtenir du brillant. Le véritable écuyer en obtient autant qu'on on peut désirer dans le calme le plus complet, grâce à la légèreté et à l'autorité de ses aides.

L'effet de l'impulsion est double : premièrement elle permet de placer le cheval, autrement dit de l'équilibrer, en vue des exigences du moment ; deuxièmement elle provoque la détente des forces c'est-à-dire l'action.

*2° Rôle de l'impulsion dans le placer.*

L'impulsion est nécessaire pour que les rênes agissent sur la masse avec légèreté. Elle tient en effet les forces prêtes à agir dans la proportion autorisée et dans la forme voulue par les mains. Si le contact de la bouche reste léger et si, en le prenant, le cheval ne lui demande qu'une indication, l'impulsion permet aux moindres actions de la main de provoquer le déplacement du centre de gravité, comme un faible poids fait osciller la balance de précision : le placer alors s'obtient et se conserve ou se change par des effets insignifiants.

Si, au contraire, l'impulsion n'existe pas ou se trouve être insuffisante, le placer devient impossible à obtenir avec légèreté : le mors est obligé, pour agir, de venir en arrière : il trouve des forces tout au moins détendues sinon opposées à son action. Le cheval, peu pressé de se mouvoir, attend que les effets de la main soient sévères et ne leur obéit que comme à regret. L'action rétrograde de la main se faisant sentir dans ces conditions rejette les jarrets en arrière, l'engagement des postérieurs devient impossible et par conséquent le placer le devient aussi si ce n'est par des effets de force. On voit par là que l'impulsion est une des dispositions les plus nécessaires à la finesse de l'équitation et à la légèreté aux aides.

*3° L'impulsion origine de l'action.*

C'est à l'impulsion qu'est dûe la détente des forces ou l'action. Celle-ci se manifeste à des degrés différents suivant les indications des aides. Si le cheval sent que le contact du mors lui permet d'étendre l'encolure, il le fait dans la proportion permise ; il se trouve alors dans des conditions qui lui permettent d'accélérer l'allure et il augmente sa vitesse tant qu'une indication contraire ne vient pas l'en empêcher ou le ralentir. L'action se confond alors avec l'accélération. Il est à noter que cette accélération n'entraîne pas le changement d'allure ; celui-ci, en effet, n'est pas dû au déplacement plus ou moins prononcé du centre de gravité vers l'avant, mais à la combinaison d'aides qui commande l'allure supérieure, chaque allure comportant en effet des positions plus ou moins avancées ou reculées du centre de gravité, celui-ci peut se déplacer suivant l'axe sans que l'allure change ; la vitesse seule varie.

Si les mains marquent une opposition sans que les jambes agissent, l'action diminue parce que le centre de gravité recule et charge de plus en plus les postérieurs sans que ceux-ci soient sollicités de se détendre ; il en résulte des ralentissements successifs et l'arrêt. Mais si les jambes ont commandé la détente des forces en même temps que les oppositions de main empêchent cette détente de se produire d'arrière en avant, c'est de bas en haut qu'elle va agir et l'action se manifeste en élevant les gestes.

En principe, l'impulsion et l'action qu'elle donne doivent se maintenir d'elles-mêmes et sans le secours des jambes, lesquelles n'ont à agir que si on veut augmenter l'action ou la maintenir au même degré bien que la main ait à marquer des oppositions. Mais en pratique, il est rare que l'impulsion conserve ainsi son intégrité longtemps de suite et qu'elle ne fléchisse pas quelque peu au bout d'un certain temps ; c'est une imperfection, certes, mais une imperfection presqu'impossible à éviter parce qu'elle est dûe à ce que les chevaux les plus braves ne sont cependant pas réfractaires à la fatigue ou à ce que certains tempéraments n'ont pas une excitabilité suffisante pour s'entretenir d'elle-même. Aussi dans la pratique, les jambes ont-elles à intervenir quelquefois pour entretenir l'impulsion et avec elle l'action, bien que la main ne fasse pas de nouvelles oppositions ; mais cette intervention est d'autant plus rarement utile que le dressage est plus parfait et le cheval plus généreux.

*4° L'impulsion naturelle et l'impulsion acquise.*

Le cheval actif et entreprenant est par cela même dans l'impulsion : ces qualités d'allant sont les premières à désirer chez le cheval de selle. Elles comportent quelquefois des inconvénients tels que la nervosité, l'excitabilité ou même une tendance plus ou moins marquée à gagner à la main ; mais des procédés appropriés permettent à l'écuyer de ramener les choses au point où elles doivent être. Il n'en est pas toujours de même avec les chevaux mous et veules : ils sont bien plus difficiles à activer que les chevaux chauds ne le sont à calmer.

Mais en dehors des lâches, il est des animaux qui, sans être vibrants par nature, sont susceptibles de le devenir : il faut faire acquérir par les uns comme par les autres, par les paresseux comme par ceux qui manquent seulement d'activité naturelle, l'impulsion indispensable à leur utilisation délicate et à leur légèreté. C'est dès le début du dressage qu'on y doit tendre, d'abord en donnant aux jambes, aussitôt qu'on le juge possible, une sévérité qui assure leur autorité complète, absolue ; ensuite, en évitant les procédés et les combinaisons d'aides qui pourraient avoir pour effet de diminuer chez l'animal le respect qu'il doit aux jambes.

Il semble bien que la tactilité n'est pas la même chez tous les sujets neufs : excessive chez les uns, elle paraît quelquefois nulle chez les autres. Mais, s'il est possible d'adoucir comme il convient son extrême acuité, on peut aussi, quand c'est nécessaire, l'augmenter dans des conditions suffisantes et l'amener au degré utile. En effet lorsqu'elle paraît le moins développée, elle n'est en réalité qu'à l'état latent : l'animal sent bien les contacts étrangers mais ne manifeste pas vivement qu'il les sent. Il faut arriver par le dressage à obtenir que la sensibilité se montre d'une manière plus tangible et plus prompte. C'est ainsi que des chevaux auxquels on a permis de s'appesantir sur le contact des jambes, comme cela se voit souvent de la part des chevaux à l'entraînement, en viennent à réagir très suffisamment et même très parfaitement à ce même contact lorsqu'ils ont appris à connaître de quelle sévérité il est susceptible. Evidemment rien ne vaut le désir inné de s'employer; mais l'activité peut et doit s'acquérir, au moins dans certaines limites, et en venir en tous cas à se manifester lorsque les jambes le demandent. Nous avons vu plus haut les moyens d'arriver à ce résultat.

§ II. — ACTION PHYSIOLOGIQUE DES JAMBES

La jambe a-t-elle une action directe, immédiate sur les muscles contre lesquels elle agit ? Autrement dit, si son contact ou celui de l'éperon se fait sentir en avant de la sangle, à la sangle ou plus ou moins en arrière de la sangle, actionne-t-elle particulièrement les muscles qui se trouvent dans la région intéressée ? Je ne le crois pas, et si l'on a dressé un certain nombre de chevaux sans avoir contrecarré ou altéré les effets naturels des jambes, on s'aperçoit que ces effets sont en réalité bien plus simples.

Supposons que nous fassions agir nos jambes pour la première fois sur un cheval absolument neuf, que va-t-il se produire ? Ou bien il se défend contre cette action qu'il ignore ; il frappe ou se couche sur la jambe comme il a pris l'habitude de le faire sur les contracts étrangers, celui d'une mouche par exemple, lorsqu'il était en liberté ; ou bien, ne se sentant pas offensé, il en vient, sinon de suite du moins dès que la persistance ou l'augmentation de la pression l'y incite, à faire le mouvement qui lui est le plus naturel, celui d'arrière en avant.

Dans le premier cas, il croit à une attaque dont il ne prévoit pas les suites et il essaye de l'éloigner. Mais le cavalier insiste en y mettant le tact et la progression désirable, lui parle, le met en confiance et finalement l'apprivoise, lui enlève sa crainte ; à ce moment, l'animal entre, si je puis ainsi parler, dans une disposition d'esprit qui lui fait accepter le contact de la jambe sans s'irriter contre lui et il y répond non plus en s'insurgeant mais de la même manière que le cheval que nous avons considéré dans le deuxième cas et il se met en marche. S'il ne l'a pas fait d'abord, c'est parce qu'il a craint une attaque et s'est mis en garde contre elle.

En réalité, on peut donc conclure qu'à partir du moment où le contact des jambes n'effraie pas le cheval, l'effet naturel de ces aides est en somme tout simplement de provoquer un mouvement et, parce que celui d'arrière en avant est le plus facile et le plus naturel, c'est celui-là qu'elles obtiennent. Les récompenses lorsqu'il s'est produit, l'augmentation des demandes lorsqu'il se fait attendre, finissent par en faire une conséquence habituelle de la pression des jambes. La suite du dressage augmente ce résultat et l'équitation savante l'exploite pour leur rendre le cheval parfaitement soumis et sensible.

Cette théorie, que j'ai vu vérifier par la pratique, est aussi celle que soutiennent les biologistes. Voici sur ce point le résumé de l'opinion de M. Joly, le si distingué directeur de la clinique vétérinaire de l'Ecole d'application de cavalerie : «... Jamais un muscle ne travaille « seul. L'éperon et la cravache touchant le flanc peu- « vent très bien provoquer la mise en œuvre des mus- « cles de l'épaule en ne produisant aucun mouvement « réflexe des muscles du flanc... L'intelligence ou « l'instinct de l'animal entrent ici en jeu : la volonté « vient compléter la finalité... Ne considérer que l'ac- « tion d'un seul muscle agissant sous l'action d'une « seule excitation est une fantaisie sortant complè- « tement du domaine de la réalité... »

Ainsi donc, en impressionnant telle ou telle région du cheval, on ne peut pas obtenir des effets mécaniques spéciaux à la sensibilité de cette région : la sensibilité peut être plus ou moins affectée, c'est tout. En réalité, le contact des jambes provoque un mouvement, lequel se produit de la manière qui est la plus familière, la plus naturelle et en même temps la plus indiquée, étant donné que le contact est symétrique, c'est-à-dire d'arrière en avant. Dans les débuts, l'instinct et la volonté interviennent ; plus tard, en raison de l'habitude acquise, ces facultés n'interviennent plus et le mouvement d'arrière en avant devient réflexe.

Les mêmes lois régissent l'action latérale de la jambe : que son contact se fasse sentir en avant de la sangle, à la sangle ou en arrière, son effet ne varie que d'intensité suivant la sensibilité de la région intéressée et sa distance des épaules pivots ; mais la finalité que se propose l'animal est de s'éloigner de ce contact, surtout si l'on a eu à le rendre douloureux. Au début on facilite cet effet par des déplacements de poids ; plus tard, le résultat est obtenu par l'intervention des réflexes.

## § III. — LA JAMBE ET L'ÉPÉRON

Je ne reprendrai pas, sur la question de savoir si l'éperon est une aide ou un châtiment, une discussion qui finit par ne plus porter que sur des mots et après laquelle chacun reste sur ses positions ; discussion inutile du reste, les faits ayant seuls ici une importance. Mais ce qu'on ne peut controverser c'est que l'action de l'éperon est plus énergique, plus sévère que celle de la jambe et que, par conséquent, s'il faut recourir à l'éperon, c'est que la jambe et à fortiori les actions légères de la jambe ne suffisent pas à déterminer l'impulsion. Le cheval qui exige l'usage de l'éperon n'est donc pas aussi impulsif qu'il le doit être pour avoir la légèreté à laquelle tend l'équitation savante et grâce à laquelle, suivant une belle expression, l'animal se meut au « vent de la botte ». Une pareille finesse n'existe évidemment que si le cheval est assez prêt au mouvement en avant pour que la sollicitation la plus infime suffise à le lui faire produire ou augmenter : alors, non seulement l'éperon n'est pas nécessaire, mais il est de trop et ne peut qu'apporter le désordre ou, à la longue, déflorer la belle sensibilité.

L'éperon ne peut se comprendre qu'avant que le cheval soit complètement soumis ; il doit alors s'employer violemment et momentanément pour donner aux jambes toute leur autorité ou pour châtier la désobéissance et la mauvaise volonté. Mais si le cheval est docile et si le dressage aux jambes est parachevé, l'emploi de l'éperon ne se conçoit plus.

On dit quelquefois qu'il permet de donner plus de brillant aux gestes : c'est parfaitement inexact. Si le cheval est à la fois réellement impulsif et bien équilibré, son action peut être portée au plus haut degré par les jambes seules et même par leur contact le plus léger. [1]

Tout ce qu'on peut admettre c'est qu'il est commode de se servir d'éperons à boule ou sans molettes ; non pas qu'ils donnent plus d'impulsion que les jambes car ils ne sont pas plus douloureux ou actifs qu'elles, mais ils permettent de mieux localiser, lorsque cela est nécessaire, la sensation qui reste diffuse tant qu'elle n'est due

[1]. Voir Planche X.

# LA JAMBE ET L'ÉPERON

# PLANCHE II

IRAN. — Ch. h. — P. S. A°. —· *Par* Gigès *et* Bareine. —
(Passage sur deux pistes de droite à gauche).

Grâce à l'éperon sans molette, la jambe extérieure peut ne
reculer que d'une manière insensible pour commander le
mouvement latéral, même si l'autre jambe doit se faire sentir
en même temps.

---

qu'à la pression du mollet. C'est utile lorsqu'une jambe ayant éventuellement à agir pour donner l'impulsion, l'autre doit en outre avoir un effet latéral, comme dans le travail sur deux pistes, les départs au galop, etc. Dans le cas du travail sur deux pistes, par exemple, l'éperon à boule permet à la jambe extérieure de ne se déplacer qu'insensiblement pour faire sentir son action un peu plus en arrière que l'autre, et cela par un déplacement imperceptible qu'il serait difficile de garder aussi discret, si l'éperon à boule ne permettait de différencier exactement la demande des deux jambes. [2]

2. Voir Planche II.

# CHAPITRE III



—

## § I. — ROLE DES MAINS

La finesse aux jambes est indispensable à l'équitation
savante, mais ne lui est pas particulière. Si elle peut être
augmentée par l'habileté de l'écuyer, elle doit être obtenue aussi dans des limites assez étendues en équitation
courante, vu que l'emploi du cheval ne peut être assuré
que si celui-ci est parfaitement soumis aux jambes. Il
n'en est pas complètement de même de la délicatesse
de bouche. Cette qualité, si utile pour obtenir l'obéissance immédiate et l'équilibre parfait, n'est pas indispensable à la direction. Quand elle n'est pas complète, le
maniement est possible sinon aisé ; aussi n'est-elle pas
de première nécessité en équitation courante : elle est du
domaine de l'équitation savante dont elle est une des plus
belles manifestations. Elle donne à l'écuyer la domination sur tous les ressorts, et cela sans efforts, sans résistance, avec cette précision grâce à laquelle le cheval travaille avec le maximum de rendement et le minimum de
fatigue. Aucune contraction inutile ne s'opposant au

mouvement ou ne le gênant, les seules forces nécessaires sont mises en jeu et cela dans la proportion voulue pour que les gestes soient exactement ce qu'ils doivent être en vue de l'exécution de la volonté de l'écuyer. La finesse de la bouche permet aux rênes de remplir entièrement et exactement leur rôle qui est de régulariser l'impulsion et de la distribuer pour obtenir l'équilibre, parce que c'est la décontraction complète de la mâchoire et de la nuque qui permet à la main d'agir avec exactitude et efficacité sur ce balancier qu'est l'encolure.

Le resserrement des doigts, en effet, perçu par une bouche décontractée en amène le retrait ; celui-ci, joint à la flexion de la nuque, rapproche du cavalier le point d'appui du mors. Si, à ce moment, la main recule en même temps que la bouche, la tête et l'encolure s'élèvent et leur poids recule en reportant du même coup vers les jarrets le centre de gravité de toute la masse et, si l'impulsion subsiste, l'engagement des postérieurs se produit. Si l'impulsion fléchit, les jarrets restent en arrière, le rein se creuse, le cheval, suivant l'expression consacrée, se casse en deux et le poids coule de nouveau vers les épaules. Ce résultat prouve une fois de plus la nécessité de l'impulsion : suivant qu'elle est ou n'est pas suffisante, le même effet de main est excellent ou déplorable. Il est vrai de dire que si le manque d'impulsion est tel que les jarrets restent en arrière, la décontraction qui a reçu l'effet de main originel s'oblitère instantanément pour faire place à des résistances.

L'élévation d'encolure ou ramener est le résultat le plus important des effets de mains, car c'est lui qui permet de rendre le cheval maniable en rapprochant le centre de gravité du moteur, disposition indispensable pour que celui-ci puisse déplacer la masse dans tous les sens. C'est ainsi, en effet, que si nous voulons, par exemple, soulever un poids de 20 kil., nous y arrivons sans peine en nous mettant au-dessus de ce poids ; mais cela nous deviendrait bien plus difficile si nous nous en éloignons et si nous essayons de le soulever en le mettant au bout d'une canne.

Il en est de même du cheval ; pour qu'il puisse manier aisément son poids, il faut que le point d'appui de ses forces, c'est-à-dire le point de poser de ses postérieurs, soit sous sa masse autant que le permet sa conformation : il peut alors déplacer aisément son poids en tous sens parce qu'il le porte. Si au contraire, le centre de gravité est vers les épaules, les postérieurs en sont éloignés de toute la longueur de la colonne vertébrale et n'agissent sur lui que de loin. Dans ces conditions, ils ne sont en bonne posture que pour pousser la masse d'arrière en avant et même ils ne sont maîtres de régler ce mouvement que dans certaines proportions en raison de l'entraînement des forces de la pesanteur, entraînement d'autant plus grand que le centre de gravité est plus près des épaules : le moteur étant en arrière du poids à mouvoir peut le pousser, le lancer d'arrière en avant, mais il est mal placé pour le retenir ou le diriger dans tous les sens ; ce qu'il fait au contraire aisément lorsqu'il est dessous. C'est aux mains qu'est dévolu le rôle d'amener ainsi la masse au-dessus des jarrets en même temps que l'impulsion empêche ceux-ci de rester en arrière pour se refuser à la recevoir.

Mais encore faut-il, pour que les mains puissent remplir cet office, que leurs actions soient reçues avec légèreté. Si, en effet, la mâchoire résiste, toute la tige reste raide, en sorte que les effets de main se transmettent intégralement en tous ses points et l'impressionnent également sur toute sa longueur ; par suite les postérieurs sont maintenus en arrière et ne peuvent pas prendre possession de la masse. Nous verrons au paragraphe suivant comment nous pouvons obtenir l'indispensable souplesse de la mâchoire et de la nuque.

Les mains n'ont pas seulement à reculer le centre de gravité, elles doivent souvent lui permettre d'avancer ; il suffit pour cela, comme on le sait, que les doigts fassent une légère concession ; le cheval perçoit la latitude que lui laisse la main et, se sentant la permission de passer, il tente de le faire et étend l'encolure : le centre de gravité avance et l'allure s'accélère. Cela suppose que l'impulsion est complète et que le cheval est habitué à la descente d'encolure telle que je l'ai exposée et préconisée [1].

Il va de soi que, lorsque les doigts permettent au centre de gravité d'avancer quelque peu en vue d'obtenir une accélération d'allure en conservant le rassembler, la légèreté n'en doit pas être diminuée. Celle-ci ne peut se perdre que lorsque la descente d'encolure s'accuse assez pour mettre le poids vers les épaules, car

---

1. *Dressage et emploi du cheval de selle*, 2ᵉ édit. p. 52.

cette disposition est contraire à la légèreté qui n'est possible qu'avec l'équilibre sur les hanches.

## § II. — LA LÉGÈRETÉ

La légèreté est l'état grâce auquel le minimum d'action des jambes et des mains détermine et dirige le maximum d'impulsion.

La légèreté aux jambes ne peut être mal comprise ; elle réside dans l'instantanéité avec laquelle les propulseurs se détendent à la plus infime sollicitation des jambes, soit obliquement si l'une agit plus que l'autre, soit d'arrière en avant si elles agissent également et si la main ne s'y oppose pas, soit enfin de bas en haut ou d'avant en arrière si la main empêche l'impulsion de s'écouler en avant.

La légèreté aux rênes peut, au contraire, être comprise de différentes manières. Elle comporte dans tous les cas l'absence absolue de résistances à la main ; mais elle est juste ou fausse, excellente ou détestable, suivant la cause qui la détermine.

Le cheval qui reste en arrière du mors, qui ne vient pas sur le mors, ne présente pas de résistances à la main ; mais il est dans une fausse légèreté parce qu'il manque de l'impulsion qui l'amènerait à venir chercher le commandement de la main. A partir du moment où il a l'habitude de rester ainsi en arrière d'elle, rien ne l'empêche plus de lui échapper et de continuer dans la voie où il est engagé jusqu'à s'acculer pour refuser le mors si celui-ci revient en arrière essayer de prendre la bouche ; l'organe essentiel de direction est faussé, sinon brisé.

La descente de main de La Guérinière et de Baucher et les attaques telles que les a comprises ce dernier sont les prototypes des exercices qui peuvent donner naissance à ce vice.

La légèreté du cheval qui est au contraire sur les épaules et qui cependant ne cherche pas à accélérer sa vitesse, bien que rien ne s'y oppose, est aussi une fausse légèreté. On voit l'animal galoper l'encolure basse, les rênes flottantes à une allure ralentie : le cavalier, qui n'a aucun effort à faire pour l'y maintenir, peut le croire léger. Il n'y a cependant, là encore, qu'un manque d'impulsion. L'allure lente dans laquelle le cheval reste de lui-même, alors que sa position l'incite au contraire continuellement à allonger, prouve uniquement que l'impulsion lui fait défaut, qu'il se retient. Si l'on essaie simplement de le faire tourner un peu court, on verra ce que devient sa prétendue légèreté : ses jarrets, placés trop en arrière de la masse, ne peuvent la manier, les épaules trop chargées ne peuvent opérer leur déplacement latéral ; il y a incompatibilité entre l'équilibre et le mouvement ; aussi, au lieu d'obtenir un changement de direction facile et réglé, on trouve des résistances sans nombre. Il n'y avait pas de légèreté ; le cheval manquait d'impulsion, voilà tout.

La descente d'encolure sans accélération prédispose avec évidence à ce détestable défaut.

On voit que le manque de résistances à la main ne suffit pas pour constituer la légèreté qu'on doit rechercher. Dans les deux cas que nous venons d'examiner, cette absence de résistances n'est que le résultat d'un manque d'impulsion d'où naissent les graves inconvénients que j'ai signalés et d'autres encore. J'ai indiqué quelques-uns des procédés qui donnent cette légèreté si déplorable qu'il faut lui préférer les résistances du cheval qui se braque mais qui marche. Au rang de ces procédés on doit mettre encore tous ceux qui courent le risque d'amoindrir l'impulsion et même ceux qui ne la développent pas.

Si le rôle de l'équitation était de faire briller un cheval au manège, il pourrait être commode, pour l'y raccourcir comme il convient, de lui ôter l'idée de s'étendre. Mais il en est autrement. Le dressage a pour but de rendre le cheval apte à nous porter à l'extérieur où nous voulons, quand nous voulons, à l'allure que nous voulons : pour cela il faut, il est vrai, que l'animal soit souple et soumis moralement et physiquement, mais surtout qu'il soit doué d'un allant qui le rende toujours prêt à se livrer courageusement. Pour être rationnel, le dressage ne doit avoir pour but que d'obtenir ces qualités. Les airs savants eux-mêmes, en dehors des progrès qu'ils font faire à l'écuyer, n'ont d'autre raison d'être que de préparer le cheval à mieux remplir son véritable rôle en lui donnant l'obéissance aux aides, l'adresse et l'habitude de s'équilibrer avec une rapidité et une justesse qui engendrent la puissance et l'extension des allures. C'est surtout par cette utilité de premier ordre que vaut la

Haute-École. Aussi doit-on rigoureusement exclure tous les procédés qui ne tendent pas à l'utilisation pratique du cheval et qui, sous prétexte de légèreté, lui ôtent l'allant, le perçant qui lui sont indispensables pour nous bien servir.

Est-ce à dire qu'il faille renoncer à avoir des chevaux légers ? Non certes, il faut même admettre que le cheval n'est réellement prêt à remplir son rôle que lorqu'il est absolument léger ; mais pour cela, il faut qu'il soit dans la légèreté vraie.

Celle-ci consiste dans la délicatesse avec laquelle le cheval soumis et tendant sans cesse au mouvement en avant, prend contact avec la main pour lui demander, en quelque sorte, la permission de passer. Si les doigts cèdent, l'encolure s'allonge, le centre de gravité avance, l'allure s'étend ; s'ils résistent, le cheval reste moelleusement fléchi, courbé sur la main, prêt à se détendre dès qu'elle ne s'y opposera plus, tel le ressort élastique et fin qu'une force imperceptible suffit à tenir tendu, mais qui se débande instantanément dès qu'elle disparaît. Cette tendance continuelle du cheval à se détendre différencie à première vue la vraie légèreté de la fausse ; elle n'est autre chose que l'allant, autrement dit, l'impulsion naturelle ou acquise. Le cheval, allégé sans qu'on prenne sur son impulsion, est donc un être vibrant prêt à s'employer ; mais, rendu obéissant, il soumet son désir à l'autorisation de son maître, se laisse placer par lui et se contient sans résistance ou se livre et se dépense sans compter. Voilà la légèreté dans l'impulsion ; voilà ce que je crois être la vraie légèreté.

Voyons maintenant comment elle s'obtient. Nous avons étudié déjà, et je n'y reviens pas, les moyens par lesquels on donne une extrême sensibilité aux jambes et les procédés par lesquels on peut nuire à ce résultat le plus nécessaire de tous. A en juger par sa rareté, la légèreté à la main est plus difficile à obtenir peut-être. Elle est préparée et obtenue dans certaines proportions en équitation courante par le dressage au ramener et aux flexions. En équitation savante, elle doit être poussée plus loin. L'écuyer y arrive en perfectionnant les résultats obtenus, en affinant ses aides et en augmentant ses exigences proportionnellement aux progrès du cheval. En particulier, on ne doit pas laisser celui-ci travailler sur une résistance comme on le lui permet tant qu'on ne cherche pas un dressage très fini. Dès qu'une contraction se produit, il faut d'abord s'occuper de la faire cesser, au besoin même en changeant d'allure et en abandonnant le mouvement en cours d'exécution. On en vient ainsi à rendre les résistances de moins en moins nombreuses et persistantes, d'autant plus que, pendant ce travail, le cheval s'équilibre avec une facilité croissante et devient par ce fait même moins enclin à se contracter.

Enfin on achève d'affiner la légèreté par l'emploi de deux procédés que les anciens maîtres appelaient le demi-arrêt et le badinage des rênes.

La Guérinière définit ainsi le demi-arrêt : « Marquer « un demi-arrêt, c'est lorsqu'on retient la main de la « bride près de soi pour retenir et soutenir le devant

« d'un cheval qui s'appuie sur le mors ou lorsqu'on veut
« le ramener ou le rassembler. »

Le demi-arrêt est une résistance instantanée des
doigts qui, en raison de l'obéissance complète donnée
au balancier, suffit à provoquer une élévation de l'encolure et à rejeteter ainsi en arrière l'excès de poids que
les forces musculaires auraient amené sur les épaules.
Si le demi-arrêt est bien exécuté, il se fait sans ralentissement : le centre de gravité, en se rapprochant de
l'avant-main, aurait occasionné une accélération, le
demi-arrêt empêche seulement cette accélération de se
produire.

Le badinage des rênes peut se faire de différentes fa-
çons également bonnes suivant les cas. Son nom qui
date de l'ancienne école mérite d'être conservé comme
très clair et moins exclusif que celui de « vibrations »
que Baucher a voulu lui substituer.

Est un badinage des rênes tout ce qui fait jouer les
embouchures dans la bouche soit par un va-et-vient
rapide et léger, soit par une agitation imperceptible des
rênes, soit par une action alternée des mors de bride et
de filet. Ces différents procédés sont également efficaces
suivant les chevaux et les circonstances.

Boisdeffre explique très nettement l'effet du badinage
des rênes en disant : « Le cavalier aura soin de badiner
« les rênes toutes les fois que l'animal voudra prendre
« un point d'appui ou résister à la bride et il rapprochera
« en même temps les jambes. Ainsi, il parviendra à le
« rendre léger à la main si une construction trop vicieuse
« ne s'y oppose pas. »

— 43 —

Et plus loin : « Si l'animal y résiste au reculer », on
« badinera légèrement les rênes : de cette manière, le
« point d'appui, lui échappant, le disposera plus facile-
« ment à obéir. »

Le badinage des rênes, sous une de ses formes, trouve
son emploi lorsque la résistance ressentie par la main se
produit sans que les forces musculaires aient changé la
position de la masse.

Il est assez difficile de définir les circonstances où il
faut agir par demi-arrêts et celle où l'on doit badiner
des rênes. Cependant, on peut dire que les premières
sont caractérisées par ce fait que le cavalier sent comme
une pesée s'opérer sur la main : tandis que, dans les
secondes, il éprouve plutôt la sensation d'agir sur une
barre rigide.

Ces différents moyens nous permettent d'avoir des
chevaux soumis et légers. Ces deux qualités, qui s'entre-
tiennent mutuellement et se confirment l'une par l'autre,
sont également nécessaires pour assurer l'exécution
immédiate de notre volonté avec le plus de justesse et le
moins de fatigue. Elles sont toutes les deux issues de
l'impulsion que nous retrouvons ici encore comme la base
nécessaire de l'équitation.

Il résulte de ce qui précède que la légèreté n'est
complète et réelle que si elle subsiste sans le secours
d'aucun instrument de contrainte. Il est de toute évidence
que tant qu'il est nécessaire d'avoir recours à des intermédiaires puissants pour obtenir la décontraction et la
soumission, celles-ci ne sont que précaires, autrement
dit le cheval n'est pas léger.

Nous avons déjà vu que la complète légèreté aux jambes rend l'éperon inutile. Dans le même ordre d'idées, le mors de bride n'a pas sa raison d'être avec un cheval absolument léger à la main : l'instrument le plus doux suffit pourvu qu'il transmette intégralement à la bouche les indications de la main. Le mors de filet remplit ces conditions et suffit à commander les tâches les plus difficiles si aucune force n'est dirigée par le cheval contre l'action des rênes, ainsi que cela est s'il est parfaitement léger. Le mors de bride sans gourmette est aussi très doux et, employé avec le filet, il constitue une embouchure double qui permet de nuancer les effets de main autant que cela peut être utile en Haute-École avec un cheval mis à un grand nombre d'airs[1].

Il va de soi que le cheval léger en filet peut sans inconvénient être embouché avec un mors de bride : l'obéissance immédiate aux actions de doigts exclue toute résistance et par conséquent le cheval qui jouit de cette qualité ne peut sentir la sévérité de l'embouchure ; dès que celle-ci agit et avant qu'elle ait pu être sévère, la bouche a cédé.

Quelques chevaux, rendus habituellement légers par le dressage, n'ont cependant pas les barres douloureusement impressionnables. S'ils sont en même temps un peu verts ou nerveux, ils peuvent en venir, sous l'influence de circonstances extérieures, à échapper, même involontairement, à la main ; il est bon de les emboucher avec un mors de bride et un filet. C'est de celui-ci qu'on

---

1. Voir Planche X.

se servira habituellement et on aura recours momentanément au mors de bride en cas de besoin.

Nous avons vu que la légèreté ne peut exister sans
l'impulsion : elle suppose aussi le calme et la rectitude.
Si le cheval est surexcité, il ne peut apprécier sainement
les aides ; il y a par conséquent désaccord entre lui et le
cavalier, ce qui rend les résistances inévitables. La
rectitude n'est pas moins nécessaire à la légèreté parce
que, si elle n'existe pas, les forces ne se répartissent pas
équitablement et, en se heurtant, provoquent encore des
résistances. En sorte que le cheval léger est en même
temps, par définition, *impulsif, franc, calme* et *droit* :
c'est dire qu'en le rendant léger, l'équitation savante lui
a donné les plus précieuses qualités.

### § III. — POSITION DE LA TÊTE

La position de la tête a une très grande importance :
si sa direction se rapproche de l'horizontale, la colonne
vertébrale s'incurve en tournant sa convexité vers le sol,
ce qui est l'inverse de ce qui doit être pour que le poids
se rapproche des hanches et pour que l'animal se
décontracte.

Si au contraire, la direction de la tête se maintient
constamment en arrière de la verticale, l'impulsion manque
ou est insuffisante, puisqu'en se plaçant ainsi et en refu-
sant de prendre la main plus en avant, le cheval évite
d'entrer dans la position qui entraîne l'accélération
d'allure. De plus, si l'encapuchonnement se produit,

comme cela est habituel, avec l'encolure basse et rouée, le centre de gravité reste sur les épaules. Enfin cette position de tête en arrière de la verticale va le plus souvent avec trop de mollesse dans l'encolure qui, dans ces conditions, ne transmet plus à la masse les actions de main dans les proportions où cela est utile.

Les positions extrêmes entre lesquelles peut varier la tête sont, d'une part, celle où la nuque s'incurve et se décontracte et, d'autre part, la verticalité. Entre ces deux positions, l'élasticité de la colonne vertébrale et la transmission exacte des effets de main peuvent être assurées dans de bonnes conditions. Pour qu'elles le soient en effet, il faut que l'écuyer trouve, entre ces deux extrêmes, la position qui convient au cheval et à l'équilibre. Cette position varie avec la conformation des sujets : avec l'un, le rassembler complet peut être obtenu bien que le nez soit sensiblement en avant ; avec tel autre, au contraire, le rassembler ne s'établit qu'avec la tête plus proche de la verticale. Il appartient à l'écuyer de sentir comment se comporte l'organisme qu'il dirige et quelles sont ses exigences. Ce serait une faute grosse de conséquences fâcheuses que de vouloir imposer à toute force une même position de tête, verticale ou non, à tous les chevaux et les contraindre tous à entrer dans le même gabarit. Si la légèreté s'obtient en plaçant la tête verticale, c'est bien ; mais si on sent que, pour devenir léger, le cheval a besoin, comme cela arrive souvent, d'avoir la nuque moins ployée, il serait mauvais de vouloir lui imposer une autre position qui, dans ces conditions, ne peut être maintenue que par une contraction permanente.

# POSITIONS DE LA TÊTE

## I

# PLANCHE III

MARSEILLE II. — J<sup>t</sup>. — P. S. — *Par* Val *ou* Baudres *et* Mina. — (Pas espagnol).

Le pas demandé est long et le mouvement se fait en avançant : pour ces raisons, la position de la tête est un peu plus basse que dans le mouvement représenté sur la planche suivante et exécuté en reculant.

---

# POSITION DE LA TÊTE

## II

PLANCHE IV

MARSEILLE II. — J$^t$. — P. S. — *Par* Val *ou* Baudres *et* Mina. — (Pas Espagnol en arrière).

En raison du sens de la marche, l'encolure s'élève un peu plus que dans le mouvement précédent.

Dans les deux cas, la tête est fléchie sur l'encolure autant que la jument peut le faire pour être et rester légère. Cette constance de l'angle de la tête et de l'encolure fait que la tête s'éloigne de la verticale lorsque l'encolure s'en rapproche.

Ce cas et le précédent montrent l'utilité de faire varier la position de la tête d'après l'équilibre et le mouvement, même lorsqu'on conserve la mise en main ou le rassembler.

———

PLANCHE IV

# POSITION DE LA TÈTE

## III

# PLANCHE V

MENTHOL. — Ch. h. — P. S. — *Par* Courlis *et* Marjo-
laine. — (Passage).

Dans le cas présent, le passage est exécuté assez étendu ;
pour lui permettre de l'être, la tête est laissée plus libre que
dans le passage plus court représenté sur la planche suivante,
ou que dans le piaffer représenté sur la planche VII.

PLANCHE V

# POSITION DE LA TÈTE

## IV

## PLANCHE VI

MENTHOL. — Ch. h. — P. S. — *Par* Courlis *et* Marjo-
laine. — (Passage).

La tête est sensiblement plus verticale que sur la planche
précédente parce que le passage était demandé plus court.
Le cheval gagne moins de terrain en avant ; le rassembler est
plus accusé.

# POSITION DE LA TÊTE

## V

# PLANCHE VII

MENTHOL. — Ch. h. — P. S. — *Par* Courlis *et* Marjo-
laine. — (Piaffer).

Le mouvement sur place demande un équilibre plus sur
les hanches, que le mouvement en avançant ; c'est pourquoi
le cheval est plus renfermé au piaffer qu'au passage étendu
et rapproche sa tête de la verticale.

C'est un autre exemple de la nécessité de faire concorder
la position de la tête avec les exigences de l'équilibre.

Non seulement cette contraction est par définition contraire à la légèreté, mais encore, elle a sa répercussion
sur les postérieurs qu'elle éloigne. Une partie de l'impulsion doit alors être employée à les rapprocher et se
trouve, par suite, inutilisée pour le mouvement ; comme
elle doit nécessairement être rétablie dans les proportions
voulues, les jambes ont à intervenir constamment, ce qui
est loin de l'idéal de l'impulsion se maintenant d'elle-même
au degré dans lequel on l'a établie. C'est dans ces
conditions que les jambes ont besoin d'être sévères et
constamment secourues par les éperons ; vouloir ployer
la nuque plus que sa conformation le permet facilement,
amène donc à perdre la légèreté aussi bien aux jambes
qu'à la main. Cela n'enlève rien, bien entendu, à la
nécessité d'abaisser le nez dans des proportions suffisantes pour que la direction des rênes par rapport à celle
de la tête permette aux effets de main d'être reçus avec
intégrité par les barres ; le travail destiné à donner la
légèreté place la tête dans la position où elle doit être :
il n'y a donc pas à rechercher à en obtenir une déterminée d'avance.

Il est à noter d'ailleurs que l'impulsion et l'équilibre
peuvent amener à faire varier légèrement chez un même
cheval la position de la tête, soit qu'on ait à maintenir
l'angle à la nuque en faisant varier la hauteur de l'encolure, soit, au contraire, qu'il faille faire varier le premier
en conservant la seconde [1].

1. Voir Planches III, IV, V, VI et VII.

# CHAPITRE IV

———

## L'ASSIETTE

A côté des aides des mains et des jambes, il convient d'en considérer une, qui a surtout son importance dans les débuts du dressage, mais qui a aussi à intervenir quelquefois en équitation savante : l'assiette. Le centre de gravité du cavalier, sensiblement plus élevé que celui du cheval, a sur lui une grande influence ; sa juste disposition permet d'aider efficacement l'animal à s'équilibrer comme les mains et les jambes le lui demandent. Pendant le premier dressage, il est par suite souvent fort utile de recourir à cet adjuvant et de demander aux déplacements d'assiette, de commander ceux du centre de gravité de l'ensemble. Il en est de même pour le dressage aux airs d'Ecole.

En équitation savante, l'utilité de ces déplacements subsiste, on a seulement à en faire un usage plus rare et plus discret : la mobilité acquise par le cheval, grâce à sa décontraction et à sa soumission, ainsi que l'autorité complète des mains et des jambes, permettent aux déplacements d'assiette, de produire utilement leur effet, tout en restant invisibles. Leur rôle est de faciliter le mouvement à exécuter soit en dirigeant le centre de gravité dans le sens voulu, soit en chargeant, lorsque cela est utile, le membre dont la détente doit déterminer le mouvement.

Le type des mouvements où le déplacement d'assiette sert à entraîner le centre de gravité dans le sens de la marche est le travail sur deux pistes. Quelle que soit la souplesse du cheval, ce travail ne lui est pas facile ; la nécessité de faire chevaler les membres les uns par dessus les autres et de donner obliquement leur détente, rend cette progression pénible et peu propice au développement de l'impulsion. Celle-ci est utilement secondée, si l'assiette vient à son secours en entraînant la masse du côté vers lequel on marche.

L'assiette a encore pour rôle de rendre plus efficace la détente d'un membre. En effet, pour qu'un ressort qui doit projeter un objet produise tout son effet utile, il faut que la direction de sa détente passe par le centre de gravité de cet objet ; il en résulte qu'en équitation la masse doit être disposée dans la direction de la détente demandée aux postérieurs, faisant office de ressorts : les aides obtiennent cette disposition pour l'ensemble de la masse, l'assiette la confirme en ce qui concerne le poids du cavalier. C'est ainsi que dans les départs au galop par exemple, les mains et les jambes permettent à l'écuyer de charger le postérieur dont la détente détermine le départ et leur effet est rendu plus efficace, plus complet, si le cavalier s'asseoit en même temps du côté de ce postérieur.

n équitation savante, les déplacements d'assiette peuvent être invisibles, tout en étant suffisants pour impressionner l'extrême mobilité du cheval ; plus accentués, ils sont disgracieux et nuisibles, comme affectant trop fortement l'instabilité de l'équilibre : ils démontrent l'impuissance des aides, le manque de mobilité du cheval et une délicatesse insuffisante dans les procédés du cavalier.

# TITRE II

---

## APPLICATIONS

Les principes que j'ai exposés dans le titre précédent trouvent pratiquement leur utilisation dans toutes les circonstances où l'écuyer a à diriger son cheval. Nous allons en étudier l'application dans trois cas qui synthétisent les autres et qui sont : les accélérations et ralentissements d'allure, les changements de direction et enfin les départs au galop et les changements de pied. J'examinerai ensuite quelques airs d'Ecole : l'un, le Pas d'École, parce qu'un oubli m'a fait omettre d'en parler dans le *Dressage et Emploi du cheval de selle*, bien que ce mouvement soit excellent à plusieurs points de vue ; les autres, parce qu'ils ont donné lieu à des contestations qu'il est à propos de remettre au point.

---

# CHAPITRE I<sup>er</sup>



On peut dire que le rôle le plus important de l'équitation savante est de conserver la légèreté pendant les
augmentations ou diminutions de vitesse ou d'étendue
des allures. Lorsque la légèreté demeure sur le droit,
bien qu'on fasse osciller le centre de gravité d'arrière en
avant et d'avant en arrière, il faut peu de chose pour
qu'elle se maintienne dans les autres cas qui se présentent.

L'accélération de la vitesse ou de l'étendue d'une
allure résulte de la latitude laissée à l'impulsion de
s'écouler en avant ou de l'augmentation donnée à l'impulsion. Tant que l'impulsion est complète, le secours
des jambes est inutile pour obtenir les accélérations.
Grâce à elle, en effet, le cheval vient constamment
demander à la main la permission de passer ; pour qu'il
le fasse, il n'y a qu'à lui donner cette autorisation par
une concession appropriée des doitgs et proportionnée
à la vitesse désirée. Le résultat est une extension et un
abaissement plus ou moins prononcés de la tête et de

l'encolure, amenant le centre de gravité vers l'avant. La difficulté est d'obtenir que cette oscillation du centre de gravité soit tout à la fois rapide pour que l'obéissance soit aussi immédiate qu'elle doit être, et néanmoins progressive pour pouvoir être réglée sans effort et sans heurt au moment précis déterminé par la main. Pour cela, il faut que la mâchoire, l'encolure et la nuque aient été assouplies au degré voulu, dans le plan vertical dassant par l'axe du cheval. Elles font alors ressort, et ressort moelleux, entre l'afflux du poids vers les épaules et la résistance de la main limitant cette translation de poids. L'élasticité de la tige, incurvée des hanches au garrot, évite ainsi à la main de recevoir fortement la masse et permet à celle-ci, grâce à sa mobilité, de s'établir dans la position où la main veut la fixer et où les postérieurs la maintiennent.

Les choses se passent ainsi si l'élasticité des articulations de la mâchoire au garrot a été enseignée et obtenue par des flexions bien faites dans l'impulsion. Si ces dernières ont été mal enseignées, ou bien les articulations sont insuffisamment décontractées et le poids, en venant vers l'avant, butte en quelque sorte contre la main : il n'y a plus de légèreté ; ou bien au contraire, la tige flexible a été rendue trop molle, trop indépendante des épaules par des flexions mal faites, parce qu'on n'a pas eu le souci de veiller sur l'entretien de l'impulsion ou pour toute autre cause. Alors le ressort fléchit trop, l'obstacle présenté par la résistance des doigts est précaire et le poids, ployant trop la tige flexible, continue à venir vers l'avant plus que l'écuyer ne le veut : il y a, dans ces conditions, manque de justesse et d'exactitude dans l'oscillation demandée au centre de gravité.

La conservation de la légèreté pendant les accélérations suppose qu'elles sont peu considérables et restent compatibles avec le maintien du rassembler ; sinon le poids vient vers les épaules dans des proportions qui rendent impossible la légèreté absolue. Il est nécessaire en effet, pour que la vitesse soit grande, que les ruptures d'équilibre entraînent violemment le centre de gravité en avant de la base de sustentation : dans ces conditions, le cheval ne se porte plus et ne peut par conséquent être léger au sens strict du mot. De plus les contractions musculaires produisant le grand développement des allures sont incompatibles avec la flexibilité de la mâchoire et de l'encolure. C'est par une conséquence de ce fait que, dès qu'un cheval lancé à une allure très vive lâche son mors, la décontraction de sa mâchoire et de son encolure entraîne le relâchement du reste de l'organisme et l'allure se ralentit.

Les allures employées avec les hacks ne sont généralement pas assez étendues pour exclure complètement la légèreté, mais elles le sont suffisamment pour nécessiter que le cheval soit dans l'équilibre horizontal et non dans l'équilibre sur les hanches propre aux allures plus ralenties. Les forces de la pesanteur agissent alors dans des proportions telles que l'animal ne se porte pas complètement lui-même et ne peut, par conséquent, pas être absolument léger. A ces allures, il doit être dans la mise en main, il ne saurait être dans le rassembler. Le hack soumis aux exigences de l'équitation savante en retrouve le bénéfice dès qu'on lui demande de se laisser reprendre vivement quoique délicatement, ralentir, tourner, arrêter, manier en un mot ; s'il est susceptible d'être complètement léger, il se prête à ces demandes instantanément et sans effort de sa part ni de celle de l'écuyer.

Si l'on veut que le ralentissement soit accompagné d'une diminution d'action, les jambes n'ont qu'à rester passives : les postérieurs étant plus chargés sans être plus activés, diminuent d'eux-mêmes leur détente. Toutefois la diminution de l'action et le ralentissement doivent, bien entendu, être proportionnés au recul imposé au centre de gravité, sinon il serait impossible à l'écuyer de graduer les ralentissements; si une faute se produit dans ce sens les jambes doivent intervenir pour ramener l'action au point auquel elle aurait dû se tenir pour empêcher les postérieurs de rester en arrière.

# CHAPITRE II

CHANGEMENTS DE DIRECTION

L'INCLINAISON

----

## § I. — CHANGEMENTS DE DIRECTION

Lorsque le cheval est complètement léger sur le droit, même pendant les changements d'équilibre, il ne tarde pas à l'être aussi sur les lignes circulaires, car il ne lui est guère plus difficile de se porter lui-même en déplaçant son centre de gravité latéralement qu'en le déplaçant suivant la direction de l'axe.

Pour conserver la légèreté en changeant de direction il est nécessaire de donner au centre de gravité exactement le déplacement latéral exigé pour établir la marche sur le cercle ou arc de cercle choisis. S'il y a disproportion entre l'inclinaison de la masse, le rayon du cercle et la vitesse de l'allure, il y a désaccord entre la tendance de l'animal cherchant à s'établir dans l'équilibre qui lui est mécaniquement nécessaire et les effets de mains, de jambes et d'assiette qui essaient, à tort, de lui en imposer un autre. Si au contraire, les aides sont exactement ce qu'elles doivent être, la légèreté obtenue sur la ligne droite en vient rapidement à se retrouver pendant la marche circulaire.

A partir du moment où le cheval reste léger en changeant de direction, l'aide déterminante du tourner est la rêne directe du côté vers lequel on veut se diriger : elle donne à l'encolure le pli utile et nulle résistance ne s'élevant contre son effet, elle suffit à incliner l'avant-main dans les conditions voulues. La rêne extérieure n'a pas à aider au déplacement de l'équilibre ; elle ne doit être que juste assez soutenue pour limiter le pli et l'inclinaison.

Baucher n'admettait pas cette manière de faire ou du moins lui en préférait une autre qui était de demander le tourner par la rêne extérieure d'appui. Il enseignait que cette aide doit non seulement provoquer le tourner, mais encore donner le pli du côté du tourner qui est précisément le côté opposé de cette rêne.

La justesse et l'utilité de ce procédé ne sont pas faciles à défendre, car si l'on conçoit, ce qui est facile, que la rêne gauche d'appui peut faire tourner à droite, on comprend moins facilement comment elle peut donner le pli à droite. Il est certain que ce résultat peut s'obtenir : on peut enseigner au cheval tout ce que l'on veut ; mais il y a là un effet purement conventionnel et qui complique inutilement l'action des rênes sans être d'aucun secours pour la légèreté ni même pour la conduite à une main du cheval léger. A une main on peut faire agir, dans les proportions utiles, n'importe quelle rêne comme rêne directe ; il suffit d'amener légèrement la

main du côté de cette rêne. En raison de la mobilité due
à la légèreté, l'effet produit dans ces conditions par la
rêne directe est amplement suffisant pour déterminer tel
changement de direction qu'on désire en donnant le pli.
Cela est plus naturel et moins fantaisiste que de demander
à une rêne qui agit sur la barre gauche de faire tourner
la tête à droite. Il est vrai que Baucher suppose son
cheval dans la descente de main ; mais, même dans cette
position, l'effet attribué à la rêne d'appui ne se peut
justifier et de plus j'ai déjà exposé dans ce travail et plus
en détail dans le *Dressage et Emploi du cheval de
selle* que la descente de main est un procédé à rejeter.

Dans les changements de direction, le rôle des jambes
est plus facile à remplir que celui des mains. Elles ont
éventuellement à agir ensemble si c'est utile pour entretenir l'action au moment où les effets de mains pourraient
l'affaiblir ; puis, lorsqu'elles lui ont donné l'intensité
qu'elle doit avoir, elles ne doivent plus intervenir tant
que cette intensité se maintient d'elle-même.

L'action latérale des jambes dans le tourner ne peut
guère se définir d'avance : elle est inutile si le cheval
s'incurve de lui-même sur le cercle, ce qui lui est assez
habituel lorsqu'il est léger et a pris l'habitude de prendre
les positions les plus favorables aux mouvements qu'il
veut faire. Toutefois, il peut arriver que la tendance
naturelle qu'a l'arrière-main de se maintenir directement
derrière l'avant-main empêche le cheval de s'incurver seul
et fasse sortir les hanches du cercle suivi par les épaules ;
les postérieurs progressent alors comme s'ils marchaient
sur deux pistes tandis que les antérieurs tournent en

avançant. Le manque d'harmonie entre la progression de l'avant-main et celle de l'arrière-main compromet la légèreté. Pour éviter cette faute, il est nécessaire de maintenir les postérieurs sur le cercle décrit par les antérieurs; si, pour le faire, le cheval ne s'incurve pas de lui-même, la jambe extérieure l'y amène.

On peut dire d'une manière générale que le cheval léger et impulsif ne laisse pas ou n'amène pas ses hanches à l'intérieur du cercle pendant les tourners; pour qu'il commette cette faute, il faut une raison exceptionnelle. Toutefois si elle se produit, c'est naturellement la jambe du dedans qui doit ramener les postérieurs sur la piste des antérieurs.

C'est au galop que la légèreté s'oblitère le plus facilement pendant les changements de direction. Il y a à cela deux raisons : la première est due à ce que, en vue du tourner, le poids doit être amené du côté du dedans, disposition gênante pour le galop qui s'exécute du même côté. La deuxième raison réside dans la manière dont le cheval s'oppose, aux différents temps du galop, à l'action de la force centrifuge.

L'influence de cette force ne se fait pas sentir au $2^e$ temps ni au temps de suspension ; au $2^e$ temps, l'avant-main et l'arrière-main lui résistent également grâce à l'appui simultané d'un antérieur et d'un postérieur ; et, au temps de suspension, nul membre n'étant à l'appui, toutes les parties du cheval sont déplacées également et ensemble, en sorte que leur position respective est sauvegardée ; mais pendant le $1^{er}$ et le $3^e$ temps, il n'en est plus de même. Au $1^{er}$ temps, en effet, les deux membres de devant sont au soutien et le cheval défend son avant-main contre l'effet de la force centrifuge par le postérieur à l'appui. De même, au 3ᵉ temps, les deux postérieurs étant au soutien, l'antérieur qui est à l'appui peut seul lutter contre la déviation de l'arrière-main. Or, cette résistance à l'action de la force centrifuge est évidemment plus efficace de la part du postérieur qui gouverne l'avant-main, que de celle de l'antérieur qui gouverne l'arrière-main. Il en résulte que, dans une foulée de galop sur un cercle ou un arc de cerle, l'avant-main est moins dévié que l'arrière-main ; celui-ci a donc une tendance constante à être rejeté en dehors, ce qui est l'inverse de sa position normale dans le galop. C'est pour cette raison qu'on voit souvent un cheval raide se désunir sur le cercle.

Pour ces deux motifs, les tourners au galop ne se font pas sans une certaine gêne rendant la légèreté difficile ; c'est en reconstituant cette dernière patiemment et soigneusement, lorsqu'elle diminue, qu'on arrive à la conserver définitivement.


§ II. — L'INCLINAISON


L'inclinaison est la position par laquelle le centre de gravité est rapproché d'un des côtés de la base de sustentation ou le dépasse, le cheval se penchant en quelque sorte d'un côté ou de l'autre.

On peut distinguer deux sortes d'inclinaisons. La première est celle que le cheval prend de lui-même pour résister à la force centrifuge dans les changements de direction rapides. De celle-ci, je ne dirai rien : elle est commandée par l'instinct ; le cavalier n'a pas à l'imposer, pas plus qu'il ne pourrait, je pense, arriver par ses aides à empêcher l'animal de la prendre suivant les besoins du moment.

La seconde sorte d'inclinaison est celle qui dépend des aides et qu'on obtient par le placer latéral. Suivant son degré, ou bien elle fait intervenir les forces de la pesanteur pour entraîner la masse en dehors de la direction de son axe et permet de déterminer alors les mouvements circulaires ou parallèles ; ou bien, elle charge simplement un membre ou un bipède latéral, avec le concours de l'assiette. Trop faible, dans ce cas, pour entraîner la masse hors de la direction de l'axe, elle donne seulement au membre ou au bipède déchargés la faculté de s'étendre plus que leur congénère. Du degré d'inclinaison et, par conséquent, de l'intensité du placer latéral, dépendent donc des effets absolument différents.

Suivant le but qu'on se propose, l'inclinaison doit être obtenue soit par le placer latéral avec pli, soit par le placer latéral direct. Si, en effet, on veut que l'inclinaison entraîne un mouvement se produisant en dehors de la direction de l'axe comme le tourner ou le travail de deux pistes, c'est au placer latéral avec pli qu'il faut généralement avoir recours, parce qu'il y a ordinairement lieu, en pareil cas, de diriger la tête de l'animal dans la nouvelle direction. Si, au contraire, l'inclinaison ne doit pas faire sortir le centre de gravité de la base de sustentation, mais seulement le rapprocher quelque peu d'un membre ou d'un bipède latéral, comme cela est utile pour le départ au galop par exemple, la marche ne change pas de direction ; il n'y a par suite pas de raison de déplacer la tête du cheval. Il est alors indiqué de donner l'inclinaison par le placer latéral direct.

La légèreté est nécessaire à la disposition exacte de l'inclinaison. Celle-ci, en effet, ne suppose que de faibles déplacements latéraux qui, pour être justes, demandent à être parfaitement nuancés, ce qui n'est possible que s'ils peuvent être commandés sans force de la part du cavalier et sans résistance de la part du cheval.

# CHAPITRE III

DÉPARTS AU GALOP. — CHANGEMENTS DE PIED

LA RECTITUDE

## § I. — DÉPARTS AU GALOP

Je laisse de côté l'étude pratique des aides nécessaires pour obtenir les départs au galop et le changement de pied, parce que je l'ai traitée avec les développements qu'elle comporte dans le *Dressage et Emploi du cheval de selle*. Nous allons seulement voir d'une manière plus détaillée la manière de demander ces mouvements d'après les exigences de l'équitation savante, c'est à dire dans la légèreté et la rectitude.

M. le comte d'Aure est l'écuyer qui a préconisé la meilleure façon de demander les départs au galop. D'après lui, si l'on veut partir à droite par exemple, le placer s'obtient par l'appui de la rêne droite secondée dans les proportions utiles par la rêne gauche directe ; la jambe gauche agit la première comme pour engager le cheval à porter ses hanches à droite, ce qui met le latéral droit en avant du gauche. Le départ est commandé par l'action de la jambe droite suivant immédiatement celle de la jambe gauche. La jambe droite intervient ainsi pour empêcher le cheval de se traverser et pour déterminer, concurremment avec la jambe gauche, le surcroît d'impulsion nécessaire à l'exécution du mouvement. Cette manière de faire a l'avantage de laisser aux aides leurs attributions naturelles sans leur demander les effets plus ou moins artificiels dont je parlerai tout à l'heure, et de leur permettre, grâce à cela, d'obtenir rapidement et complètement le juste équilibre d'où résulte la légèreté.

La rêne droite, en s'appuyant sur l'encolure donne l'inclinaison ; mais comme il peut se faire que le cheval obéisse à son indication plus qu'il n'est utile, la rêne gauche doit être prête à maintenir dans les limites voulues l'inclinaison demandée par la rêne droite. La rêne gauche doit en outre empêcher la tête de tourner par l'effet de la rêne droite et la maintenir directe. Le cheval devant marcher droit devant lui, il n'y a aucune raison pour donner le pli. Les anciens maîtres le demandaient toujours : c'était, semble-t-il, surtout une question d'usage et, en outre, le cheval était plié en vue des changements de direction sur le pied du dedans. Ces deux raisons ne paraissent pas suffisantes pour justifier que la tête soit constamment tournée même lorsque le cheval marche droit.

D'après le procédé du comte d'Aure, les jambes ont à contribuer au placer et en outre à donner le surcroît d'action nécessaire à l'exécution du départ. Tandis que l'inclinaison dégage l'épaule droite et lui permet de devancer l'autre, l'arrière-main reçoit une disposition concordant avec celle de l'avant-main pour que le postérieur droit puisse facilement, lui aussi, devancer son congénère, ce qui achève de faire dépasser le latéral gauche par le droit comme cela doit être dans le galop à droite. Dans ce but, la jambe gauche agit la première ou augmente la première son action ; le cheval dispose alors ses forces pour porter ses hanches vers la droite : à ce moment et avant que cet effet ne soit dessiné, la jambe droite joint son action à celle de la jambe gauche ; elle empêche ainsi le déplacement des hanches de devenir effectif et, en même temps, en agissant concurremment avec la gauche, elle détermine l'impulsion nécessaire à l'exécution du départ. Si les aides se font sentir comme je viens de le dire et avec à propos et justesse, aucune indécision n'est possible car les mains et les jambes ne demandent que les effets simples auxquels le cheval obéit avec légèreté dans les autres circonstances.

On n'en peut pas dire autant si l'on demande le départ par les aides intérieures. Dans cette manière de faire, la rêne droite agit encore comme il vient d'être exposé plus haut ; mais c'est à la jambe droite qu'incombe le rôle d'amener les hanches vers la droite par un effet dont j'ai déjà plusieurs fois, dans les pages précédentes, contesté la justesse. Je ne reviens pas sur les raisons que j'en ai données ; je dirai seulement qu'on peut assurément obtenir ainsi les départs ; mais ce qui condamne cette méthode c'est qu'elle est basée sur une action conventionnelle dont la puissance est précaire.

L'assiette concourt à faciliter le départ au galop et par conséquent à en assurer la légèreté. Elle se porte du côté opposé au départ afin de charger le postérieur qui doit enlever la masse et de rendre ainsi son effort plus efficace et plus utile. Mais elle doit, bien entendu, ne s'accuser que très légèrement de côté pour les raisons que j'ai déjà données.

Le départ au galop de pied ferme est un des mouvement les plus difficiles à obtenir dans la légèreté et avec rectitude. Il faut en effet que les jambes ne donnent qu'exactement la dose d'impulsion nécessaire, ce qui est particulièrement délicat à l'arrêt. Les doigts aussi, qui ont à recevoir cette impulsion de la manière voulue pour obtenir le bon équilibre, doivent sentir que cet équilibre est obtenu sans pouvoir reconnaître quelle est la disposition des forces aussi facilement que lorsque le cheval est déjà en mouvement.

### § II. — CHANGEMENTS DE PIED

Ainsi qu'on l'a dit, le changement de pied est un départ du galop au galop. Aussi ce qui vient d'être dit du départ au galop trouve encore ici son application.

Il est plus difficile d'obtenir le changement de pied léger que le départ léger parce que l'inversion complète à apporter au mécanisme est moins aisée pour le cheval que la constitution de ce mécanisme en partant du pas ou du trot. A ces allures, en effet, il est des moments où les membres sont les uns ou les autres associés ou dis-

sociés comme ils doivent l'être et il n'y a pas d'inclinaison préalable contraire à celle qu'il faut prendre. C'est
l'inverse qui a lieu pour le changement de pied. Au galop à gauche, le cheval est incliné à droite et il faut qu'il
s'incline à gauche pour changer de pied. De plus les
membres associés doivent se dissocier et réciproque-
ment ; enfin ces différentes opérations doivent se faire
instantanément. Pour ces diverses raisons, on peut abou-
tir facilement à un équilibre inexact et par conséquent à
la rupture de la légèreté : la justesse des aides peut
seule triompher de ces difficultés.

Pour passer du galop à gauche au galop à droite, la
rêne droite devient d'appui ; son effet demande à être
surveillé par la rêne gauche avec encore plus de soin
que pour le départ au galop, parce qu'il faut un effet plus
senti, et par conséquent plus susceptible d'erreur, pour
inverser l'inclinaison que pour l'établir directement en
partant d'un équilibre symétrique par rapport aux deux
épaules. De même les jambes peuvent plus facilement
manquer de justesse en inversant leurs actions qu'en
prenant directement celles qui déterminent le départ.
Enfin, la demande des aides doit se faire exactement au
troisième temps [1], seul moment où le changement de
pied peut se faire. Sinon le cheval attend d'être arrivé à
ce temps et jusque-là il continue à galoper à gauche bien
que les aides soient devenues celles du galop à droite :
il est donc en désaccord avec les aides pendant l'instant
qui précède le changement de pied, cela suffit pour

---

1. *Dressage et Emploi du cheval de selle*, 2ᵉ édit., p. 250.

rompre la légèreté et pour que ce mouvement se fasse
sur une résistance ; les contractions ressenties à ce moment n'ont souvent pas d'autre cause.


### § III. — LA RECTITUDE


La rectitude absolue du cheval marchant sur le
droit est une qualité souvent difficile à obtenir, en
particulier au galop et surtout pendant les départs au
galop et les changements de pied. Elle est cependant indispensable à la légèreté. La marche directe
exige que l'effort musculaire se produise exactement
d'arrière en avant par rapport à l'axe ; or il n'en est pas
ainsi si le cheval marche de travers ; la détente des forces se fait obliquement, en sorte qu'en portant le cheval
en avant, les postérieurs n'agissent pas dans le sens
de la marche : il en résulte que l'équilibre est soumis à des perturbations continuelles qui détruisent la
légèreté. De plus, le travail oblique des postérieurs
neutralise une bonne partie de leur détente sans qu'il
soit, comme dans la marche sur deux pistes, secondé
par un équilibre spécial : il en résulte la nécessité d'un
usage des jambes plus fréquent et plus accentué qu'il
ne serait utile sans cela.

Le manque de rectitude ne nuit pas seulement à la
légèreté dans la marche directe mais aussi dans la marche circulaire. Si l'on veut tourner à droite, par exemple,
il est également mauvais que le cheval soit à ce moment
traversé à droite ou à gauche. S'il est traversé à droite,

la détente des postérieurs est dirigée de manière à pousser les épaules vers la gauche, ce qui est le contraire de ce que l'on cherche : le mouvement de l'avant-main non seulement n'est pas aidé par l'arrière-main, mais encore est gêné par lui.

Si le cheval est traversé à gauche au moment de tourner à droite, les hanches ne peuvent pas soutenir l'avant-main dans son mouvement circulaire et la position traversée s'accentue par le fait même du changement de direction, de sorte qu'il y a désaccord entre les épaules qui vont à droite et les hanches qui vont à gauche. Dans ces conditions, la légèreté est encore impossible.

On considère habituellement le manque de rectitude comme dû à une position défectueuse de l'arrière-main ; il arrive cependant souvent que le cheval se traverse des épaules et non des hanches. Pour le remettre droit, il est évidemment nécessaire d'agir sur la région qui sort de la rectitude et non sur l'autre. Au galop, par exemple, le cheval peut être traversé par une inclinaison exagérée des épaules vers l'extérieur, l'arrière-main restant droit, ou par un déplacement des hanches vers l'intérieur, les épaules n'ayant que l'inclinaison voulue. Dans le premier cas, c'est aux rênes à intervenir, vu que si les jambes agissent sur les hanches qui sont droites pour les remettre derrière les épaules, elles les dirigent vers l'extérieur et faussent ainsi l'équilibre du galop : le cheval change de pied malgré la position de l'avant-main ou se désunit de derrière et dans les deux cas sort de la légèreté.

Si la rectitude est perdue par les hanches, les épaules étant dans une position exacte, c'est sur l'arrière-main qu'il faut agir pour le remettre à sa place, car si l'on voulait redresser par les épaules et les mettre devant les hanches, on changerait leur inclinaison bien qu'elle soit juste : le cheval se désunirait du devant ou changerait de pied et sortirait de la légèreté.

L'écuyer doit donc s'efforcer de sentir où gît l'origine du manque de rectitude afin de s'en prendre à l'extrémité qui n'est pas droite et à ne pas impressionner celle dont la position est bonne. Dans le galop sur le droit et surtout dans les départs au galop et les changements de pied, l'action diagonale des aides destinées à établir le placer peut facilement amener la rupture de la rectitude par l'avant-main en raison de l'appui de la rêne intérieure, ou par l'arrière-main à cause de l'action préliminaire de la jambe extérieure, ou même par les deux bouts à la fois. C'est à l'écuyer à éviter ces fautes par la juste application des principes étudiés plus haut, c'est-à-dire en surveillant avec la rêne extérieure l'effet de la rêne intérieure et en agissant de sa jambe intérieure au moment précis où l'effet de l'autre jambe a été seulement de déterminer le latéral du dedans à passer en avant de celui du dehors.

PAS D'ÉCOLE

I

# PLANCHE VIII

IRAN. — Ch. h. — P. S. A°. — *Par* Gigès *et* Bareine. — (Pas d'École).

Le diagonal droit qui est au soutien va se mettre à l'appui avant que le gauche ait quitté le sol. Les diagonaux prennent ainsi l'un après l'autre leurs appuis et leurs soutiens en restant associés.

PAS D'ÉCOLE

II

# PLANCHE IX

IRAN. — Ch. h. — P. S. A°. — *Par* Gigès *et* Bareine. —
(Pas d'École sur deux pistes).

Les aides sont les mêmes que pour commander le travai
sur deux pistes au pas ordinaire. Dans le cas présent, le mouvement s'exécute de droite à gauche ; la jambe droite est plus
en arrière que la gauche ; la rêne droite est d'appui ; la gauche est directe. Le postérieur du dedans s'engage plus que
pendant la marche directe.

# CHAPITRE IV

QUELQUES AIRS D'ECOLE

---

§ I. — LE PAS D'ÉCOLE[1]

Cette allure s'exécute par l'appui successif des deux diagonaux ; ce qui la différencie du trot, c'est qu'il n'y a pas de temps de suspension, chaque diagonal se mettant à l'appui avant que l'autre se soit mis au soutien.

Le Pas d'École s'obtient en diagonalisant le pas. Au moment où l'antérieur droit se porte en avant, la rêne droite marque une opposition qui racourcit le geste ; en même temps, les deux jambes empêchent toute diminution d'action et la jambe gauche se fait légèrement prépondérante de manière à incliner l'arrière-main sur la hanche droite et à permettre ainsi au postérieur gauche d'accuser plus rapidement son mouvement. Cet effet combiné des rênes et des jambes amène l'antérieur droit à retarder son poser et le postérieur gauche à avancer le sien : ces deux membres en arrivent à s'asso-

---

1. Voir Planches VIII et IX.

cier. Les choses se passent de même pour le diagonal gauche.

Toutefois les aides ne peuvent avoir l'effet désiré que si le cheval est léger à la main, sans cela les résistances que rencontrent les rênes se propagent jusqu'aux postérieurs et les empêchent de s'avancer aussi rapidement qu'ils doivent le faire pour s'associer aux antérieurs.

A cette allure le cheval est doué de plus de mobilité qu'au pas, parce qu'il est presque constamment soutenu par une base bipédale ; de plus, comme celle-ci est diagonale, il est très facilement maître de son équilibre. Aussi le Pas d'École, en dehors de ses qualités de brillant, est-il excellent pour entretenir et développer l'impulsion et la légèreté.

§ II. — GALOP SUR TROIS JAMBES[1]

Cette allure s'effectue comme le galop ordinaire avec cette différence que l'antérieur du troisième temps ne se pose pas à terre et reste étendu en l'air pendant tout le temps qu'on conserve l'allure.

L'avant-main n'étant plus porté que par un membre, doit être aussi déchargé que possible. Il en résulte pour l'arrière-main un afflux de poids considérable déterminant dans le diagonal du deuxième temps une dissociation qui fait mettre le postérieur à l'appui avant l'antérieur.

1. Voir Planches X et XI.

# GALOP SUR TROIS JAMBES

## I

PLANCHE X

THÉO. — J'. — 1,2 S. — *Par* Saint-Pair-du-Mont *et* une
fille de Colporteur (Galop sur trois jambes à gauche).

Les appuis ont commencé par celui du postérieur droit; le
postérieur gauche a pris le sien ensuite ; l'antérieur droit va
s'associer avec lui en se mettant à terre et battre ainsi le
temps correspondant au deuxième temps du galop ordinaire.
L'antérieur gauche, étendu au-dessus du sol, ne se met pas à
l'appui.

Le postérieur du dedans est venu franchement en avant de
l'autre, comme dans le galop ordinaire.

# GALOP SUR TROIS JAMBES

## II

PLANCHE XI

MADEMOISELLE D'ÉTIOLLES, *ex*-PANOUILLERE. — J<sup>t</sup>. — P. S. — *Par* Clocher *et* Pompadour (Galop sur trois jambes à gauche).

Le mouvement se décompose comme celui de Théo. Mors sans gourmette et filet permettant de différencier les effets de main pour commander sans ambiguité chacun des nombreux airs d'Ecole que savait exécuter cette jument.

Pas d'éperons d'aucune sorte, cependant l'élévation des gestes et l'action sont aussi grandes que possible.

PLANCHE XI

# GALOP SUR PLACE

## PLANCHE XII

IRAN. — Ch. h. — P. S. A<sup>e</sup>. — *Par* Gigès *et* Barcine. —
(Galop sur place.)

Deuxième temps du galop sur place à droite, en tous points
semblable au même temps du galop en avançant, si ce n'est
que les appuis postérieurs sont plus près du centre, ce qui
permet à la détente de se produire de bas en haut.

———————

Le galop sur trois jambes présente deux difficultés. La première est d'empêcher le garrot de s'élever beaucoup malgré la hauteur d'un antérieur et la décharge de l'avant-main. Si le garrot s'élève trop, la dissociation du diagonal s'accentue exagérément et les foulées se changent en lançades : dans ces conditions le mouvement n'a plus rien d'une allure ni du galop.

La deuxième difficulté du galop sur trois jambes est d'obtenir que le postérieur du dedans passe carrément en avant de celui du dehors comme dans le galop ordinaire. La grande surcharge apportée à l'arrière-main et l'effort qui lui est demandé pour assurer à lui seul la progression font que si l'action est insuffisante, et elle peut le devenir facilement dans une allure qui en exige autant, le postérieur du dedans n'accuse pas assez sa foulée et se pose à hauteur ou à peine en avant de l'autre ; ce n'est plus du galop, ce n'est plus qu'une gesticulation qui échappe à toutes les règles.

Pour demander le galop sur trois jambes, il faut d'abord que le cheval sache donner la jambette et on utilise ce dressage d'une manière que j'ai déjà exposée assez longuement dans le *Dressage et Emploi du cheval de selle*, pour n'y pas revenir.

§ III. — GALOP EN ARRIÈRE[1]

Le galop en arrière est une allure dans laquelle les associations et dissociations se produisent comme dans

1. Voir Planches XIII, XIV, XV et XVI.

le galop ordinaire, les membres se posant dans le même
ordre ; la seule différence est que le cheval donnant son
effort d'avant en arrière au lieu de le diriger d'arrière en
avant, les membres qui se posent en avant de leur
congénère dans chaque foulée de galop en avançant,
se placent ici en arrière. En effet les règles de la
locomotion veulent que dans les autres allures, pas,
trot, passage, etc., les membres qui prennent leurs
appuis en avant les uns des autres, quand le mouvement
se fait en avançant, les prennent en arrière les uns des
autres quand le mouvement se fait en reculant. Il n'y a
aucune raison pour qu'il n'en soit pas de même du
galop, en sorte que les membres intérieurs qui
prennent leurs appuis en avant de ceux des membres
extérieurs dans le galop en avançant, doivent les prendre en arrière dans le galop en reculant. Si nous
décomposons une foulée de galop en arrière à droite,
nous voyons par suite que les appuis se prennent de la
manière suivante :

1° Postérieur gauche.

2° Diagonal gauche ; le postérieur droit se posant en
arrière du postérieur gauche.

3° Antérieur droit prenant son appui en arrière de
l'antérieur gauche.

4° Temps de suspension.

La nécessité pour les membres du latéral intérieur de
prendre leurs appuis en arrière des autres ressort non
seulement de la comparaison avec les autres allures,
mais aussi de ce fait que s'il en est autrement, le
départ au galop de pied ferme et le changement de

# GALOP EN ARRIÈRE

*(1ᵉʳ temps)*

IRAN. — Ch. h. — P. S. A°. — *Par* Gigès *et* Barcine. —
(Galop en arrière à droite ; 1ᵉʳ temps).

La photographie représente la fin du 1ᵉʳ temps pendant
lequel le cheval pivote sur le postérieur gauche qui se
trouve seul à l'appui.

Le postérieur droit a passé en arrière du gauche, inverse-
ment à ce qui se serait produit dans le galop ordinaire, et va
prendre son appui ; l'antérieur gauche va se mettre à terre et
s'associer avec lui pour manquer le 2ᵉ temps tel qu'il est représenté pour l'autre diagonal dans le galop à gauche, sur la
planche suivante.

# GALOP EN ARRIÈRE

*(2ᵉ temps)*

PLANCHE XIV

IRAN. — Ch. h. — P. S. A⁰. — *Par* Gigès *et* Bareine. (Galop en arrière à gauche ; 2ᵉ temps.)

Le diagonal droit associé est à l'appui exactement comme
dans le galop ordinaire, mais il fait effort d'avant en arrière
au lieu d'agir d'arrière en avant. L'antérieur gauche est sur
le point de prendre son appui pour marquer le 3ᵉ temps,
comme dans le galop ordinaire, mais en arrière de l'antérieur
droit, ce qui est l'inverse de ce qui se produit en avançant.

# GALOP EN ARRIÈRE

*(3ᵉ temps)*

PLANCHE XV


IRAN. — Ch. h. — P. S. A^c. — *Par* Gigès *et* Bareine.
(Galop en arrière à gauche ; 3° temps.)

L'antérieur gauche est seul à l'appui après que le diagonal
droit a quitté terre. Les postérieurs s'élèvent pour se porter
en arrière.

# GALOP EN ARRIÈRE

*(Temps de suspension)*

PLANCHE XVI


IRAN. — Ch. h. — PS. A^e. — *Par* Gigès *et* Bareine. —
(Galop en arrière à gauche, temps de suspension.)

Le cheval rebondit et ne repose plus sur aucun membre.
Le postérieur droit se porte en arrière pour prendre son appui
et marquer le 1^er temps de la foulée suivante. L'antérieur
gauche vient de quitter terre et s'achemine vers sa position
de la Pl. XIII.

Ainsi s'achève une succession de temps exactement semblable à celle du galop en avant : mêmes associations et dissociations, même ordre dans l'exécution des appuis et des
soutiens; même temps de suspension. Une seule chose
diffère; le sens de la détente qui se fait d'avant en arrière et
se trouve caractérisée par les positions réciproques des appuis
qui se prennent en arrière les uns des autres comme dans le
reculer aux autres allures.

pied sont impossibles comme je vais le démontrer ; par suite le mouvement exécuté dans ces conditions n'est conforme ni aux règles de la locomotion ni à celles du galop qui est une allure pouvant se prendre de pied ferme et susceptible de changements de pied.

J'ai dit que le départ au galop en arrière ne peut se faire de pied ferme que si le latéral intérieur prend ses appuis en arrière de l'autre : je le prouve. Supposons le cheval arrêté et droit, c'est-à-dire ayant ses deux antérieurs d'une part et ses deux postérieurs d'autre part, à la même hauteur. Pour partir au galop en arrière à droite, le cheval s'enlève sur son postérieur gauche en donnant son effort d'avant en arrière pour reculer la masse et, par suite, le postérieur droit ne peut prendre son appui qu'en arrière du gauche. Nécessairement cette disposition se continue aussi longtemps que l'allure ; nécessairement aussi elle entraîne l'appui de l'antérieur droit en arrière du gauche ; on voit donc que le départ de pied ferme à droite exige que les membres du latéral droit prennent leurs appuis en arrière de ceux du latéral gauche.

Il n'est pas plus difficile de prouver que les changement de pied au galop en arrière ne sont possibles, eux aussi, que si les appuis du latéral intérieur se prennent en arrière de ceux du latéral extérieur. S'il en est autrement, le postérieur gauche, dans le cas du changement de pied de droite à gauche, aurait à se poser en avant du droit après le changement de l'arrière-main. Pour qu'il puisse prendre son appui dans ces conditions, il faudrait qu'alors qu'il est au soutien pendant l'exécution du changement de pied, il reste immobile ou même fasse un mouvement d'arrière en avant, c'est-à-dire en sens inverse de la marche. ce qui est contraire à toutes les lois de la locomotion.

Des différents chevaux que j'ai mis au galop en arrière, un seul n'a jamais pu venir à bout de mettre son latéral intérieur à l'appui en arrière de l'autre. Ce cheval qui appartient à l'Ecole de cavalerie était défectueux dans son dessus et douloureux dans ses jarrets : il arrivait assez facilement à reculer au galop en prenant les appuis intérieurs en avant des autres, c'est-à-dire en ne faisant que des demi-foulées ; mais dès que j'essayais de le faire sortir de cette allure bâtarde et d'obtenir l'effort nécessaire pour augmenter ses foulées, je retrouvais le manque de puissance qui se manifestait toutes les fois qu'un réel effort lui était demandé. C'est qu'en effet le galop en arrière n'est pas difficile à obtenir d'une manière incomplète et avec des demi-foulées, laissant les membres à mi-chemin ; il est au contraire peu aisé d'atteindre la dose d'action nécessaire à l'exécution des foulées entières et bien détachées.

Les aides à employer pour obtenir le galop en arrière sont les mêmes que celles par lesquelles on demande un ralentissement d'allure sans diminution d'action. Le cheval raccourcit ses foulées jusqu'à en venir au galop sur place ; puis la continuation des aides qui ont amené les membres à donner leur détente sur place les conduit à la donner d'avant en arrière. Le galop en arrière ne doit se demander que lorsque le galop sur place s'exécute aisément et avec légèreté : c'est une première difficulté qu'il est nécessaire de vaincre avant d'en aborder une

CHANGEMENT DE PIED AU GALOP

EN ARRIÈRE

# PLANCHE XVII

IRAN. — Ch. h. P. S. A⁸. — *Par* Gigès *et* Bareine. —
(Changement de pied de droite à gauche au galop en arrière.)

Bien que le cheval soit au 3ᵉ temps du galop à droite, carac-
térisé par l'appui unique de l'antérieur droit, les postérieurs
sont cependant au galop à gauche ainsi que le montre le
postérieur droit qui est plus élevé que le gauche comme au
même temps du galop à gauche. (V. Planche XIV). Cela tient
à ce que le changement de pied est en cours d'exécution et se
fait exactement comme le changement de pied ordinaire;
c'est-à-dire qu'il commence par les postérieurs et au 3ᵉ temps.

Les aides qui le demandent sont les mêmes, comme le
montre la photographie : jambe droite un peu plus en arrière
que la gauche; rêne gauche d'appui, rêne droite directe;
assiette légèrement à droite.

plus grande. Pour de plus amples explications, je renvoie à ce que j'ai dit dans le *Dressage et Emploi du cheval de selle*.

### § IV. — CHANGEMENTS DE PIED AU GALOP EN ARRIÈRE [1]

Lorsque le cheval galope en arrière avec toute l'aisance que donne la légèreté complète, il n'est pas difficile de le faire changer de pied : sa mobilité et son impulsion sont extrêmes, il ne présente aucune résistance et les appuis se prennent très près les uns des autres. Pour ces différentes raisons, l'inversion des appuis se fait aisément. Il est à remarquer, comme on peut le voir sur la photographie, que le changement de pied en arrière s'exécute exactement suivant les mêmes règles qu'en avançant, c'est-à-dire qu'il commence au troisième temps et par l'arrière-main.

Par suite, les aides qui le demandent sont exactement les mêmes que celles du changement de pied ordinaire, sauf que le rapport de leurs intensités est tel qu'elles maintiennent le mouvement d'avant en arrière. La difficulté est d'empêcher les postérieurs de se poser à terre ensemble ou de faire un saut de pie, bien qu'on maintienne la rectitude. C'est la justesse du placer et de l'assiette et l'à-propos de la demande qui doivent parer à cette faute.

[1]. Voir Planche XVII.

# CHAPITRE V



Sous ce titre : *Réponse à une critique,* je répondais, il y a deux ans, à M. Fillis, écuyer en chef à l'Ecole de cavalerie de Saint-Pétersbourg ; il avait fort mal compris mes écrits et m'attribuait des dires qui m'étaient complètement étrangers ; je me suis vu dans l'obligation de remettre les choses au point dans la deuxième édition qui paraissait alors du *Dressage et Emploi du cheval de selle.*

M. Fillis désirait, en outre, que j'exécute devant quelques écuyers différents airs d'Ecole, sur l'exécution desquels il émettait des doutes, bien que j'en eusse énoncé les règles. Je n'avais pas de raisons de lui refuser ce plaisir ; aussi ai-je entrepris le dressage d'un cheval et d'une jument, en vue de lui donner satisfaction. Ce dressage, commencé en mars ou avril 1904, a subi, par force majeure, de longues interruptions, dont une de deux et une autre de quatre mois, en sorte que je n'ai pu le terminer qu'au commencement d'août 1905, peu de temps avant d'être obligé de quitter l'Ecole de cavalerie et d'y abandonner définitivement les chevaux que j'y avais dressés.

Malgré la demande que je leur en ai faite, la plupart des écuyers désignés par M. Fillis n'ont pas pu se rendre à Saumur pendant le temps qui a séparé le moment où mes chevaux ont été prêts, de celui où j'ai dû quitter l'Ecole. M. le général L'Hotte, du reste, était mort, et M. le général de Bellegarde souffrait déjà de la maladie qui devait l'enlever à l'affection, à la reconnaissance et à l'admiration de tous ceux qui l'ont connu. Dans l'impossibilité de montrer mes chevaux au jury proposé par M. Fillis et tel qu'il l'avait constitué, je me suis contenté de prier trois écuyers du cadre de l'Ecole, présents à Saumur au moment de mon départ, de vouloir bien examiner l'exécution des mouvements contestés. Voici comment ils en rendent compte :

« Les écuyers désignés par M. Fillis pour examiner
« le travail des chevaux de M. le capitaine de Saint-
« Phalle, n'ayant pas pu se rendre à Saumur en temps
« opportun, les officiers soussignés, écuyers à l'Ecole
« de cavalerie, les ont remplacés et déclarent avoir vu
« M. le capitaine de Saint-Phalle exécuter, de la ma-
« nière qu'il a exposée dans son livre, les mouvements
« suivants :

« 1° Galop sur trois jambes sur la ligne droite, sur
« deux pistes et sur le cercle, juste et à faux ;

« 2° Galop en arrière ;

« 3° A cette allure, des changements de pied bien
« caractérisés.

« Fait double à Saumur, le 17 août 1905.

« M. de Maistre. A. de La Brosse. Lafont [1]. »

*La Brague, Mars 1906.*

1. J'ai adressé un double de cette attestation à M. Fillis pour lui donner le
plaisir d'apprendre la réalisation du désir qu'il a énoncé de voir, comme il le
dit, juger par mes pairs les mouvements qu'il a désignés. J'espère qu'il ne me
saura pas mauvais gré de ce qu'une impossibilité matérielle m'a empêché de
m'en référer au jury qu'il avait constitué. Il trouvera, d'ailleurs, dans les
photographies qui précèdent, la preuve que les signataires ne se sont pas
trompés. Si l'œil peut faire erreur, il n'en est pas de même de l'objectif,
critique sévère quelquefois, mais observateur toujours infaillible.

BOURGES. — TYP. TARDY-PIGELET.